o trovejar do
silêncio
joel s. goldsmith

o trovejar do
silêncio
joel s. goldsmith

Tradução:
Glaucia Braga Maggi

Se o Senhor não constrói a casa,
Em vão labutam seus construtores.
— Salmo 127

A Iluminação dispersa todos os laços materiais e une os homens com cadeias douradas de entendimento espiritual: ela só reconhece a liderança de Cristo; desconhece qualquer ritual além do Amor divino, impessoal e universal; não tem outro culto que não a Chama interior que fulgura eternamente no santuário do Espírito. Essa união é o estado livre de fraternidade espiritual. A única limitação é a disciplina; conhecemos, portanto, a liberdade sem licenciosidade; somos um universo sem limites físicos, um serviço a Deus sem cerimônia ou credo. O iluminado caminha sem medo — pela Graça.

— *O Caminho Infinito*

Introdução

A Revelação é sempre algo chocante, não só para quem a recebe, mas também com os quais é compartilhada. É próprio da Revelação chocar e surpreender pois, quando vem de encontro com nossas crenças mais caras, nos conscientizamos do quanto nossa mente é condicionada pelas teorias e opiniões atuais do pensamento humano e, de repente, percebemos a dimensão da escuridão.

Até pouco tempo a maioria das pessoas levava uma vida totalmente materialista, acreditando que as únicas coisas reais fossem as materiais e que o único poder verdadeiro fosse a força física. Foi, então, introduzida a ideia de que há um mundo mental e de poder mental, e essa ideia invadiu tanto as consciências que o foco da atenção foi deslocado do mundo material para o mental.

Não tivesse também eu recebido a Revelação, também, teria vivido no mundo da mente, sem nunca perceber que ele é tão ilusório quanto o mundo do poder material; mas um dia recebi a mensagem de que a mente não é poder e de que o pensamento não é poder. Isso me chocou, pois eu já me havia adiantado bastante no ensinamento de que o "reto pensar" poderia resolver todos os meus problemas.

Muitos desdobramentos se seguiram e, hoje, acostumado há muitos anos com tais revelações estarrecedoras e tendo dado o tempo necessário para que a mensagem permeasse a consciência, torno-a pública neste livro. Aqui você lerá coisas que poderão soar familiares, e talvez sua reação imediata seja: "Todo mundo sabe disso", mas posso lhe assegurar que, se fosse assim, todos seríamos Almas dedicadas ao caminho espiritual. Até onde pude verificar em meus estudos da literatura espiritual mundial, a verdade expressa neste livro nunca foi totalmente revelada, embora constitua a base absoluta para a verdadeira vida espiritual.

Antes de continuar, permita-me assegurar que não há, de minha parte, qualquer interesse em estabelecer uma nova religião ou um novo ensinamento religioso, nem tampouco eleger uma pessoa ou grupo de pessoas a serem seguidas, cujos ditames e opiniões devam ser considerados palavras finais ou infalíveis. Não tenho a intenção ou o desejo de deixar como legado algum tipo de organização religiosa — qualquer coisa a que alguém possa se afiliar, promover, propagar ou usar em benefício próprio, nem mesmo algo que alguém ache que possa servir para sua salvação. Acima de tudo, durante minha vida na terra, gostaria de tirar do homem qualquer tipo de escora ou muleta no qual tenha se fiado.

O propósito deste livro não é amarrar você a qualquer pessoa ou organização — pelo contrário, é torná-lo livre do "homem cujo fôlego está nas narinas",[1] livre para se unir a todos aqueles que buscam o mesmo caminho espiritual, mas sem se prender ou pertencer a ninguém, nada devendo "a ninguém, a não ser amar uns aos outros".[2] Essa é a verdadeira liberdade e nada menos do que tal liberdade é necessário para receber Deus. Não acredite por um momento sequer que Deus esteja em alguma coisa, nem mesmo no Caminho Infinito. Deus não pode estar em alguma coisa, e o único meio de poder conhecê-Lo é ser livre — mental e espiritualmente.

"Onde estiver o Espírito do Senhor, aí estará a Liberdade"[3] — é aí que está a força e a liberdade verdadeira. A única força que existe está na união com Deus, que é uma força infinita. A união com a diversidade humana muda com o efêmero e instável mundo dos homens. Se há algo que aprendemos após tantas guerras é quão fugaz é o poder. Todos os pactos já feitos — todos os tratados e acordos internacionais — a força de nenhum deles perdurou.

A única força real que existe está na união consciente com Deus e na percepção da verdadeira natureza do poder espiritual. Quando atingimos essa compreensão, um único homem unido a Deus torna-se maioria — um só indivíduo que tenha a compreensão espiritual da natureza de Deus torna-se um princípio de harmonia, saúde e abundância entre milhares de pessoas em todo o mundo. E aí está a força — na união com Deus.

Durante séculos todos os países buscaram sua liberdade. Por algum tempo, alguns pensaram tê-la encontrado, mas, posteriormente, se viram escravizados por algo ainda mais poderoso do que as condições das quais haviam se libertado.

Por mais difícil que seja de engolir, a verdade é que não é possível libertarmo-nos *de* nada. Há milhares de pessoas tentando se libertar de maridos ou esposas, pensando que, quando a liberdade for obtida, seu mundo será melhor. Por vezes, ao menos temporariamente, até melhora; mas, mesmo assim, trata-se de uma solução humana, temporária e irreal, pois ninguém pode se libertar *de*. Libertar-se de uma coisa é tornar-se apegado a outra; por isso, não existe tal liberdade: a única liberdade real é a liberdade em Cristo.

Optar por uma organização religiosa em detrimento de outra nada mais é do que libertar-se de uma para envolver-se com outra. Isso não é liberdade. Nem pode alguém encontrar a liberdade espiritual mudando de país, mesmo que melhore sua condição material, como sucedeu a milhões de imigrantes que vieram para o continente americano e melhoraram de vida. Contudo, a mera mudança de local não trará necessariamente paz, felicidade, segurança, pois nada disso pode ser encontrado em bandeiras, países ou continentes, nem mesmo na saúde e na riqueza, mas apenas na descoberta de Deus, que nos liberta do medo de estarmos submetidos aos homens, às circunstâncias ou condições.

Não se encontra a harmonia trocando uma condição de servidão por outra, mas sim saindo do jugo da lei para viver sob a Graça, que é presente de Deus. Mas, infelizmente, há ainda mil à nossa esquerda e dez mil à nossa direita que não querem aceitar a Graça de Deus: e são os mesmos que ouviram do Mestre seu lamento: "Oh, Jerusalém. Jerusalém... quantas vezes eu quis reunir teus filhos, como a galinha recolhe seus pintinhos sob as asas, e tu não quiseste!".[4] Tal situação continua nos parecendo triste, ainda que tenhamos obtido nossa liberdade; é a tristeza de olharmos para os pais, filhos, irmãos, esposa ou marido e nossos vizinhos e pensarmos: "Por que não podes aceitar o que eu encontrei?" porém, quanto mais caminharmos nessa trilha, mais fácil será entender que só é possível abraçar a verdade na medida em que estivermos prontos.

Às vezes, isso acontece apenas por causa da futilidade e frustração que experimentamos anteriormente. Todo pecado, doença, toda perda por que passamos são partes necessárias da nossa experiência como um todo, sem as quais não estaríamos prontos e preparados para absorver os desdobramentos de uma verdadeira mensagem espiritual. Digo isso sabendo que alguns sofrem muitas doenças e perdas, enquanto outros pouco têm de que se queixar. Porém, a gravidade dos problemas de alguém é proporcional ao grau que precisa atingir. Alguns não podem chegar às alturas da visão espiritual até que tenham estado antes no ponto mais baixo — física, mental, moral ou financeiramente. Outros devem percorrer só metade do caminho, e, provavelmente, haverá quem sofra bem menos do que isso; mas qualquer dificuldade que tenha conhecido, essa é a experiência necessária para poder se elevar.

Alguns de vocês talvez terão muita dificuldade e vão se ver envoltos por sérios problemas antes de poderem abraçar os princípios apresentados neste livro; por outro lado, outros os absorverão facilmente, sem ter de enfrentar grandes desafios. Isso dependerá do grau de desenvolvimento que cada um já tiver atingido antes de iniciar este trabalho.

Só é verdadeira esta mensagem quando vivenciada individualmente e, por essa razão, torna-se fácil entender por que tentativas de organizar uma religião baseada em tais ensinamentos seriam impraticáveis e não contribuiriam para os objetivos do Caminho Infinito, os quais almejam que tais princípios impregnem a consciência humana e se tornem tangíveis na experiência individual. Qualquer tentativa de organizar esses ensinamentos não traria benefício a ninguém; se fossem cobradas contribuições mensais ou anuais, seria sem propósito algum; se templos ostentosos fossem erguidos para abrigar esses ensinamentos, ou fossem erigidas estátuas do homem que os transmitiu, tudo isso seria inútil.

Apenas uma coisa demonstrará a verdade desses ensinamentos: descobrir seus princípios e internalizá-los no coração, na mente, na alma e no corpo, vivendo com eles, movendo-se e tendo neles seu próprio ser — com e por meio deles — até que se tornem visíveis. Então você será a luz do mundo, de um mundo talvez limitado à sua família ou comunidade, ou que pode ser tão imenso quanto a terra toda. Duas pessoas não podem trilhar o mesmo caminho; não podem se envolver do mesmo modo. Tudo depende do seu grau de percepção. Toda mensagem deste livro baseia-se no princípio da existência de uma Graça interior que não atua por meio de poder físico ou mental. Tal Graça, de que muitos ainda não têm consciência, atua apenas quando a fé em toda e qualquer coisa tiver sido abandonada, até mesmo num Deus de quem a humanidade espera milagres desde o início dos tempos.

Ao longo da história do mundo houve diversos conhecedores desse segredo, compartilhado com aqueles que se tornaram seus discípulos ou seguidores. Contudo, após uma ou duas gerações, o ensinamento foi adulterado e sua essência desapareceu, para ser revelada mais tarde a alguém, de modo que o mesmo processo se repetisse.

Diante disso, é natural que se pergunte qual seria a vantagem de ensiná-lo de novo. Seria vantajoso viajar milhares de quilômetros, ano após ano, para levar tal mensagem ao mundo, sabendo que somente alguns a receberão e a demonstrarão, para depois deixá-la perder-se novamente? Minha resposta é que hoje as circunstâncias são diferentes.

Todas as gerações passadas puderam olhar para a frente, rumo à descoberta de um poder material sempre maior, e a cada geração foi descoberto algo mais poderoso. Porém, hoje, com o poder nuclear, o mundo está de fato se confrontando com o poder supremo. É possível imaginar alguma coisa além do poder nuclear? Terá o mundo alcançado o fim da sua busca pelo poder?

A verdade do *Trovejar do Silêncio* pode ser encontrada no Novo Testamento. Os leitores, porém, não devem esperar que a simples leitura os habilite a viver segundo os princípios que ele revela. Aqueles que não sentirem um eco das palavras poderão dar-se por satisfeitos com uma leitura apenas; mas as pessoas que forem profundamente tocadas à primeira leitura farão deste livro seu companheiro constante, dia e noite, domingos e feriados, até que seu estado de consciência comece a ceder e se renda, de modo que a Consciência Transcendental lhes tome a mente, o corpo e o dia-a-dia.

Mais de trinta anos de experiência demonstraram, além de qualquer dúvida, que essa mudança de consciência pode acontecer com qualquer um que continue adotando, com firmeza, os preceitos desta mensagem. Essa mudança deve ocorrer no leitor antes que lhe seja possível viver em consonância com o Sermão da Montanha.

A finalidade deste livro é revelar a Consciência Transcendental e, desse modo, desenvolver a consciência individual até que a pessoa possa dizer sinceramente: "Eu vivo, mas já não sou eu; o Cristo é quem vive em mim".[5] Esse propósito só pode ser alcançado habitando — vivendo, se movendo e tendo seu próprio ser — e estando continuamente no Verbo.

Joel S. Goldsmith

Parte I

Da escuridão para a luz

I
OS DOIS PACTOS

Porque está escrito que Abraão teve dois filhos, um da escrava, e outro da livre.

Todavia, o que era da escrava nasceu segundo a carne, mas, o que era da livre, por promessa.

O que se entende por alegoria; porque estas são as duas alianças: uma, do monte Sinai, gerando filhos para a servidão, que é Agar. [...]

Ora, esta Agar é Sinai, um monte da Arábia, que corresponde à Jerusalém que agora existe, pois é escrava com seus filhos.

Mas a Jerusalém que é de cima é livre; a qual é mãe de todos nós.

Gálatas 4: 22- 25, 26

Em nossa humanidade somos filhos da escrava, subjugados pela carne, suas imposições e atividades, presos às coisas e aos pensamentos, quer se trate da carne do corpo, quer se trate do dinheiro ou outras formas da vida humana. Vivendo na carne e por ela, como descendentes da escrava, estamos sob as leis da matéria, da economia, da raça, da religião e da nacionalidade — sob o pacto "que foi gerado pela escravidão."[1] O outro pacto, o de nossa adoção espiritual, acontece pela atividade consciente dentro do nosso próprio ser e no momento em que estivermos prontos para a transição, uma vez que a transição de humanidade para a filiação espiritual ocorre exclusivamente pela Graça.

Quando alguém diz que gostaria de ser um filho de Deus e de ser livre dos estigmas da carne, geralmente não quer dizer exatamente isso. Quer dizer que gostaria de ser livre dos estigmas da carne sem abrir mão de seus proveitos e prazeres. É por essa razão que, como seres humanos, não podemos escolher sermos filhos de Deus.

Mas dia virá na consciência de cada um de nós — para alguns, agora mesmo e para outros daqui a diversas vidas — quando, pela Graça interior, seremos capazes e desejosos não só de nos livrar dos males da carne, mas também de seus proveitos e prazeres; e nos familiarizar com nossa identidade espiritual, ou Individualidade, com essa nova criatura — não a antiga, tornada saudável, tornada honrada, mas uma criatura nova, nascida do Espírito. Essa é a experiência da transição.

Nascer pelo Espírito significa renascer por uma transformação da consciência, e esse renascimento pode ocorrer tanto enquanto estamos neste plano de existência terrena como após termos deixado esta esfera. É bom lembrar que, se não conseguirmos fazer a transição aqui, sempre haverá uma oportunidade em outro momento, pois no reino de Deus o tempo não existe, é sempre agora, e o *agora* sempre se apresenta com novas oportunidades.

Esse momento é *agora*. Esse momento, esse *agora*, nos dá a oportunidade de abdicar de nossa humanidade para aceitar a divindade do nosso ser. Se, porém, essa transformação estiver além de nossa capacidade imediata, mais tarde descobriremos que também é *agora*, e nesse novo agora estaremos outra vez diante da oportunidade de aceitar ou não a divindade do nosso ser. Se não estivermos preparados para recebê-la, haverá o amanhã, o ano que vem ou o seguinte; toda vez que percebermos nossa filiação divina, será *agora*. Daqui a cem anos, será *agora* para nós.

Agora é sempre o momento de aceitar nossa divindade, mas, embora esse *agora* possa ocorrer neste exato momento para nós, para alguns pode ter ocorrido há anos e, para outros, daqui a muito tempo. Se ocorrer neste exato momento ou a qualquer outra hora, será *agora*. Cada um de nós terá de enfrentar cada momento de cada dia até a eternidade, e aqueles de nós que, por uma razão ou outra, forem incapazes de aceitar o pacto de nossa liberdade nesse momento particular — liberdade com que estaremos "revestidos"[2] quando aceitarmos o Cristo — ainda terão uma nova oportunidade ao longo das eras.

Para aqueles que se tornaram invisíveis para nós, alguns dos quais em profunda escuridão espiritual, outros em estado de verdadeiro pecado e degradação, também existe o *agora*, e eles também têm *agora* a mesma oportunidade que tiveram e rejeitaram aqui na terra, e somente *agora* podem ter desenvolvido uma maior capacidade de aceitação.

Qual é o significado de aceitar a revelação espiritual em nossa experiência? Sem a compreensão do que é a revelação espiritual, não estamos preparados para aceitá-la.

Apesar de a maioria das pessoas afirmarem acreditar em Deus, na verdade muitas delas não acreditam. Podem até acreditar que há um Deus, ou ter uma crença acerca de Deus, mas não têm fé, nem percepção nem convicção; isso porque a natureza do escravo é estar ligado aos efeitos — ao amor, à adoração e ao temor de qualquer coisa que tenha forma, que tenha efeitos visíveis. Fisicamente, podem ser saudáveis de coração, fígado ou pulmões; podem ter montanhas de dinheiro, investimentos ou imóveis, porém o amor, a devoção ou o medo da maioria dos seres humanos estão sempre direcionados para algo ou para alguém no reino visível.

O filho da escrava permanece escravo enquanto for necessário um pensamento, uma coisa ou uma pessoa, o que constitui sua humanidade. O novo pacto da nova criatura começa a valer quando descobrimos que "eu e o Pai somos um"[3] e tudo o que o Pai tem é meu. Eu olho para uma única direção, a do Infinito Invisível. Então, o que vem de dentro é repartido com glória, liberdade e júbilo.

A transição para a filiação divina requer mudar a fé no que é visível para a fé no Infinito Invisível, no que jamais poderá ser visto, ouvido, saboreado, tocado, cheirado, ou mesmo pensado e argumentado. Tem que ser uma fé sem motivo. Deve haver uma convicção avassaladora, condizente com essa fé, mesmo antes de se saber o que é — ou seja, um instinto, uma intuição, uma graça interior.

"Não haverá sinais a seguir":[4] Os sinais *seguem* aquele que crê. Quando a fé se instala, os sinais vêm. Por outro lado, se nos for dado algum sinal ou pensamento em que nos apegamos, neles repousará nossa fé, em vez de repousar no Invisível, que é Deus.

É possível pensar e repensar a verdade — e até certo ponto isso é normal, natural e certo —, porém virá o momento em que o pensamento para, um branco se faz quase um vazio, e então nesse vazio jorra a própria presença e força de Deus. Somente atingiremos essa Presença estando abertos, totalmente silentes, quando todo processo de pensamento tiver cessado, quando nada servir de apoio para nós e nossas esperanças, exceto quando tivermos nos tornado completamente estéreis e vazios.

Esse é o momento em que perceberemos que, mesmo sem poder conhecê-La, senti-La ou imaginá-La, aí está uma Presença invisível, um Algo intangível, porém atuante, e que dentro da própria invisibilidade manifestará tudo o que for necessário ao nosso desdobramento. Se acharmos que somos alguma coisa, erraremos gravemente. Somente quando atingirmos a renúncia a nós mesmos é que a divina Individualidade de nosso próprio Ser revelar-se-á. E o caminho é o Silêncio.

O Silêncio não é ausência de som, mas um estado de consciência que nos torna capazes de conter qualquer reação da mente ao que é visto ou ouvido. Por exemplo, podemos ver e reconhecer uma sombra na parede — uma figura assustadora — e não ter uma reação de medo, sabendo que é uma sombra.

No momento em que a consciência atingir o conhecimento de uma força, de uma lei, uma substância, uma causa — a unidade —, não mais responderemos com medo, dúvida ou horror a qualquer coisa vista ou ouvida; e então, a consciência terá ido além da força e atingido o Silêncio — a consciência curativa.

II
A LEI CÁRMICA

Todo sofrimento que o mundo vivencia vem da ideia da separação de Deus, por não aceitar um Deus que está "tão perto [...] quanto o fôlego, mais próximo que as mãos e os pés",[1] um Deus que não só é capaz como também quer e deseja que frutifiquemos com abundância.

Nos tempos do paganismo, talvez apenas por gratidão, as pessoas adoravam tudo aquilo que parecesse poder abençoá-las e começaram a atribuir a tais coisas o poder da Divindade. À medida que a consciência humana evoluiu, apareceu a ideia de um Deus único, mas, aparentemente, o homem não estava preparado para perceber Deus como realmente é, e assim encontramos um tipo estranho de Deus na Escritura hebraica.

Assim como sabemos que o sol, a lua e as estrelas não são Deus, sabemos hoje que Jeová, o Deus da ira e da vingança, não é Deus. O Deus do Velho Testamento não é Deus: é a lei cármica. É a lei que diz que "o que semeares, colherás".[2] É a lei que diz que, se fizermos o bem, o bem virá até nós; assim como, se fizermos o mal, este recairá sobre nós. "Como o homem pensa em seu coração, assim ele é." Essa definição não corresponde ao que é Deus: é a lei cármica que foi reconhecida como Deus. A lei nunca foi Deus, como João nos esclareceu ao revelar que "a lei foi-nos dada por Moisés, mas a Graça e a Verdade nos vêm de Jesus Cristo".[4] Há uma grande diferença entre a Graça e a Verdade de Jesus Cristo e a lei de Moisés. Há uma enorme diferença entre a lei cármica e Deus, e, embora seja necessário que todos conheçam e compreendam a lei cármica, é também necessidade vital que ultrapassemos essa velha lei, rumo ao reino da Graça. Nunca conseguiremos esse objetivo violando a lei do carma, mas, sim, compreendendo seu lugar e significado em nossa vida.

Os Dez Mandamentos, com que estamos familiarizados, são parte dessa lei. Por exemplo, vejamos a ordem "honrar o pai e mãe".[5] Alguém chamaria essa ordem de ensinamento espiritual? Qualquer um que tenha sido tocado pelo Espírito de Deus, mesmo no mais leve grau, seria incapaz de fazer outra coisa senão honrar pai e mãe e amar seu próximo como a si mesmo.

Há alguém que, mesmo em sonho, tenha a pretensão de dizer a Jesus Cristo, a João de Patmos, a Buda ou a Lao-Tsé que honrem pai e mãe e amem o próximo como a si próprios? Deverá alguém que tenha sido tocado pelo Espírito de Deus ser advertido para não manifestar intolerância, parcialidade ou preconceito contra raças ou religiões?

Essas leis são para os seres humanos que ainda não alcançaram o estado mais alto como humanos, mas estão em estado de consciência tão baixo que ainda precisam ser advertidos de que não podem cobiçar a propriedade, a mulher, a terra do vizinho. Houve, de fato, a necessidade da lei nos primórdios da humanidade, quando era preciso que nos dissessem como agir uns com os outros, mas, se continuarmos nesse estágio, não avançaremos muito rapidamente em direção a nossa liberdade espiritual.

Todos os que estão na terra um dia estarão no Céu; todos poderão um dia se elevar acima da doença e do pecado mortal e aceitar a herança de sua filiação divina; mas ninguém conseguirá fazê-lo vivendo sob a lei, nem o fará aprendendo a ser um bom ser humano. Essa tarefa não poderá ser levada a cabo apenas por alguma forma humana de adoração, nem pelo fato de alguém se tornar honesto e ético. Essas são apenas as primeiras etapas.

Apenas abandonando nossos desejos carnais, mortais, egoístas, provamos que estamos progredindo rumo a um estágio mais alto de humanidade. Por fim, virá o dia em que, de fato, atingiremos a percepção do Espírito de Deus que habita em nós, quando ficarmos face a face com Ele, quando Ele tocar nosso ombro, nossa cabeça ou nosso coração, quando, de um modo ou de outro, Ele anunciar sua Presença. Daí em diante, não seremos apenas homens e mulheres bons; não estaremos sob a lei do prêmio e do castigo: até o final de nossos dias na terra e pela eternidade afora, estaremos sob a Graça.

É aí que começaremos a ter os primeiros vislumbres dessa grande verdade, que estivemos vivendo tantos dias de esforço sob a lei do carma, violando ou obedecendo tal lei, acreditando que, se formos bons hoje, as coisas boas do mundo fluirão até nós amanhã, mas que podemos perdê-las amanhã, sendo maus.

Aprendemos que, se pecarmos, Deus nos punirá, mas essa é a versão de Deus do Velho Testamento, e nenhum desses ensinamentos aparece nas palavras de Jesus Cristo no Novo Testamento. Ao contrário, ficou claro que Deus se alegra mais com um pecador que alcança a percepção do Pai do que com noventa e nove que passem pela Terra como justos. Não seria o caso de imaginar que todos os noventa e nove justos não agradam tanto a Deus quanto um só pecador?

O Deus da maioria das pessoas é aquele que pune o mal e recompensa o bem. Essa representação não é Deus. Nós não temos de temê-Lo, nem de tentar influenciá-Lo ou fazer sacrifícios a Ele. Deus é o mesmo, para o santo e para o pecador. Deus é bom, é amor, eterno, imortal, espiritual, princípio criativo do universo, princípio que mantém e sustenta a criação; mas poderá alguém acreditar que Deus seja assim hoje e que, se cometermos um erro amanhã, Ele será diferente?

Não é de estranhar que o mundo hebraico tenha reagido com violência ao ouvir de Jesus, o Cristo, que os sacrifícios animais e monetários não agradavam a Deus. Naqueles tempos, as pessoas acreditavam que Ele deveria ser agradado, aplacado, abrandado; acreditavam que, de algum modo, Deus seria influenciado pela conduta humana. E isso ocorre ainda hoje, quando algum devoto acende uma vela para Ele, paga o dízimo — pensando em suborná-Lo — ou observa jejuns e dias santos com a ideia subconsciente de que tal conduta possa influenciar Deus em benefício próprio.

Deus nunca premia a virtude e nem pune o pecado. É verdade, o pecado é punido — pelo próprio pecado. Em outras palavras, se alguém fizer uma ligação elétrica errada, será queimado, mas não poderá censurar a eletricidade por isso. A eletricidade não quis puni-lo: ele trouxe para si a própria punição, agindo erradamente. A pessoa que entra na água, se assusta, se debate e quase se afoga não pode repreender a água, mas, sim a própria ignorância de como se portar dentro dela. Ninguém pode violar a lei e não ser punido; mas ninguém deve culpar Deus pela consequente punição. A culpa não é Dele, mas da conduta e da má interpretação individual da natureza da lei.

Uma vez que tenhamos compreendido que há uma lei cármica e que os seres humanos estão sujeitos a ela, nossa primeira tarefa será nos colocarmos em harmonia com essa lei. Em outras palavras, se há uma punição para o roubo, devemos em primeiro lugar aprender a parar de roubar. Se há punição para a mentira, devemos nos treinar para não mentir, mesmo que, no momento, pareça haver alguma vantagem na falsidade. De fato, podemos mentir e trapacear em nossos negócios, e talvez tirar algum proveito temporário; mas, se compreendermos que toda mentira, engano ou trapaça nos fará por fim naufragar, certamente começaremos a nos treinar a não cedermos a métodos e ações inescrupulosos na vida pessoal, social e comercial. O primeiro esforço, pois, quando entendemos que há uma lei cármica, é nos livrarmos dos males que trarão más consequências para nós.

Sem dúvida é melhor viver nesse estado de consciência do que num estado inferior, mas devemos atentar para o fato de que tal estágio de vida é o estágio hebraico vivido sob a imposição "não deverás" de Moisés: não farás tal coisa, e assim não trarás o castigo sobre ti. Não cobiçarás a casa do teu vizinho, e assim não atrairás problemas para ti. Não roubarás, não cometerás homicídio; honrarás teu pai e tua mãe, o que significa que não deves esquecê-los, ignorá-los ou maltratá-los. Não se discute o fato de que, quando obedecemos aos Dez Mandamentos, nos colocamos em harmonia com a lei cármica e nos beneficiamos com isso. Não podemos, porém, esquecer que estamos ainda sob a lei, e que uma próxima violação pode trazer problemas; enquanto vivermos apenas sob os Dez Mandamentos, estaremos vivendo humanamente e sob as leis dos homens.

Mesmo sendo o Deus que a maior parte da Bíblia revela, não é Deus: essa é a lei, é o Deus--Senhor, é o Deus-lei, a lei cármica, a lei de causa e efeito: o que semeares, colherás. Isso não é Deus; não se faz menção a Ele: apenas somos advertidos de que, quando fizermos o certo ou o errado ao semear, teremos o certo ou o errado ao colher e, certamente, está claro que Deus nada tem a ver com a semeadura nem com a colheita.

Nada disso faz alguma referência real a Deus, mas, sim, à lei cármica, à lei de causa e efeito encontrada ao longo da Bíblia. Mas, como se acreditou que isso fosse Deus, essa ideia foi perpetuada pelas pessoas que não ousaram ler a Bíblia com objetividade; então, hoje, apesar de se autodenominarem Protestantes ou Católicas, todas aceitam o Velho Deus hebraico dos Dez Mandamentos, o Deus da causa e efeito, o Deus do Carma.

Tentemos agora, se possível, ver o que Deus realmente é, uma vez que, a partir daí, depende toda nossa experiência. É justo e correto ser um bom hebreu, isto é, obedecer aos Dez Mandamentos. É justo e correto ser um homem de negócios honesto em vez de desonesto, e um ser humano saudável em vez de doente. Porém, nada disso tem relação com o caminho espiritual nem com nosso destino final, que é retornar à Casa do Pai, para a consciência de Deus.

Para alcançarmos nosso intuito final, devemos compreender a natureza divina; e assim, certamente, surgirá uma pergunta em nossa mente: o que é Deus?

Primeiro e mais importante, temos de perceber que nossas orações e meditações não influenciam Deus — para fazer o bem ou o mal para nós — que não podemos trazer Sua Glória para nós nem para qualquer outro. Tudo o que podemos fazer é reconhecer que Deus em nós é poderoso, não por nossa causa — mas exatamente porque nos foi dada a graça de reconhecer que É, que sempre É. Eis por que o Mestre disse aos discípulos que não se glorificassem por terem subjugado os demônios, mas por terem os seus nomes escritos no Céu. Eis porque ninguém deve ousar glorificar-se por causa de uma cura, pois nenhum ser humano jamais efetuou uma cura — ela é trazida por um estado divino do ser espiritual que atua, e só pode atuar, por meio de Deus, como sendo a consciência de alguém que conheça a natureza de Deus, e possa tornar a cura visível. Esse, e somente esse, é o nosso papel neste glorioso trabalho espiritual — conhecer a Deus e conhecê-Lo corretamente, como vida eterna.

Assim que conhecermos a natureza de Deus como amor e vida eterna, nunca mais lidaremos com a morte, a velhice ou a doença como realidades que pudéssemos mudar por intermédio de Deus. Compreendamos que isso não tem nada a ver com Deus: tem a ver com "o que semeares, colherás". Se acreditarmos numa lei de pecado, de matéria, de doença ou numa lei punitiva, será essa a marca que imprimiremos em nossa vida e na vida dos que esperam de nós uma orientação espiritual.

Quando compreendemos que a natureza de Deus é Amor, compreendemos também a palavra Graça. Compreendemos que o nosso bem nos vem pela Graça e não por sermos dignos dela. Qual ser humano pode ser bom o bastante para merecer Deus! Na verdade, quanto mais características humanas tivermos, mais teremos de que nos esvaziar para perceber Deus. Não podemos chegar ao ponto de merecê-Lo, — só podemos ser levados a um ponto em que a parte de nós que parece ser indigna seja removida do caminho, revelando o nosso verdadeiro Eu. Nosso bem — físico, mental, moral e financeiro — é nosso pela Graça divina, como um presente de Deus. Não podemos ganhá-lo ou merecê-lo, nem influenciar Deus para que Ele nos dê; nenhum ato, fato ou pensamento nosso é poderoso o bastante para impedir Deus de agir e de continuar a operar.

Embora nossos pecados sejam escarlates, eles se tornam brancos como neve no momento exato em que percebemos nossa verdadeira identidade. De fato, enquanto aceitarmos o carma, isto é, enquanto aceitarmos a nós mesmos como apenas seres humanos, teremos a lei do carma agindo em nossa vida; porém, a lei para de atuar no instante em que percebemos: "Estou saindo, me separando, e agora vou viver sob a Graça". E, no momento em que realmente estivermos vivendo sob Ela, descartaremos a palavra "eu". Paramos de nos vangloriar de que o "eu" é bom e digno e paramos de nos condenar por ser o "eu" mau e indigno.

Esquecemos até mesmo o passado e reconhecemos que não vivíamos uma hora atrás e que não poderemos viver daqui a uma hora. O único momento em que podemos viver é *agora*, e *agora* estamos vivendo na Graça. O passado se foi; o futuro nunca virá: *agora* estamos sob a Graça. *Agora* não há pecado, doença, morte ou iniquidade — nada age em nossa consciência a não ser o Amor, o Amor de Deus — não o seu ou o meu amor.

Se ao menos pudéssemos, real e verdadeiramente, chegar a um mínimo grau de compreensão da natureza de Deus, quantos anos tiraríamos de nossos ombros, quantas lembranças passadas de nossas ações, omissões e maus pensamentos descartaríamos, e começaríamos a compreender que agora somos os filhos de Deus! *Agora*, neste momento de divina Graça, toda lembrança de nossos anos passados se esvai. *Agora* estamos dispostos a esquecer nossos feitos, quer bons, quer maus. Estamos dispostos a esquecer o disfarce, o papel que estivemos interpretando nesse espetáculo particular, e deixar que se vá, junto com nossa roupagem e tudo que diz respeito a ela.

Se pudéssemos relembrar o melhor e mais elevado exemplo de paternidade que conhecemos, veríamos que nenhum pai real permite que a animosidade, impaciência ou intolerância interfiram em seu amor paterno. Entendido isso, desaparecerá todo contrasenso sobre um Deus punitivo e vingativo.

"Deus é puro demais para contemplar a iniquidade. O Mestre disse ter vindo à Terra não para satisfazer Sua vontade, mas a vontade do Pai. E qual é a vontade do Pai? É curar os doentes, ressuscitar os mortos, perdoar os pecadores. Seria esse um Deus punitivo? Disse o Mestre "nem eu te condeno".[6] Seria esse um Deus punitivo? E disse ao ladrão na cruz: "Hoje estarás comigo no Paraíso".[7] Seria esse um Deus punitivo? E disse ainda: "Teus pecados te são perdoados".[8]

Em toda a revelação do Mestre não há registro de condenação ou punição por parte Dele, mas lemos isto: "Não peques mais, para que não te aconteça coisa pior".[9] Diz Ele que Deus nos castigaria? Não, são nossos pecados que nos infligem castigo, não Deus. Nossos erros é que retornam sobre nós. E nem temos de consumar o ato pecaminoso: basta o simples desejo de cometê-lo, como nos preveniu Jesus, o Cristo, contra o olhar adúltero para uma mulher. Não é necessário consumar o ato, pois o estado mental traz de volta algo de sua própria natureza. Aqui não se trata de viver sob a lei de Deus, mas, sim, sob a lei cármica, pois quando vivemos sob a lei de Deus não há possibilidade de existir qualquer pecado.

As crenças pagãs atuais de que Deus vá à nossa frente para punir nossos inimigos foram trazidas de tempos remotos. Assim, hoje, todos sobre a Terra rezam pedindo pela paz mundial, mas Deus os ignora. Por toda a terra, homens e mulheres oram por seus filhos — pela saúde e pela segurança deles —, mas Deus ignora seus rogos também. Se Deus não atende nossas orações para o bem, que chance haverá de atendê-las para o mal? Que tipo de Deus adoramos? Haverá uma raça ou um povo sobre a Terra tão melhor que Deus queira destruir uns por causa de outros? Ou uma nação por causa de outra? Será que já houve uma raça ou uma nação perfeita?

Durante o último século tivemos três guerras de grandes proporções, e tanto vencidos quanto vencedores eram cristãos e democratas. Quanto esforço de imaginação é necessário para acreditar, por exemplo, que a Rússia tenha sido vitoriosa na guerra por ser cristã e democrática! Não está claro que os créditos e descréditos foram atribuídos a Deus por coisas pelas quais Ele não é responsável?

Enquanto aceitarmos a lei do olho por olho e dente por dente, estaremos acionando a lei cármica. O que fizermos para os outros será feito para nós. Nos nossos tribunais criminais, essa antiga lei é aplicada sentenciando à morte alguém que tenha cometido assassinato; de outro lado, porém, quando um governo envia homens e mulheres de sua nação para cometer assassinato em massa, atreve-se a esperar que não sejam eles mesmos assassinados. Mas isso é porque nada sabemos sobre a lei cármica e sua inevitabilidade. Não há escapatória às penas geradas pela violação aos Dez Mandamentos. Há uma punição para cada violação, mas não vinda de Deus: é uma punição que recebemos como resultado de atos ou pensamentos que nós mesmos acionamos.

Em outras palavras, nós criamos nosso amanhã pelo nosso hoje. Tudo o que fazemos hoje determina algo que vai ocorrer em nossa vida amanhã ou depois. Frequentemente nos espantamos com certos desastres que acontecem, pensando que não os merecemos, o que não é verdade. Se não pessoalmente, nós os merecemos por fazermos parte de uma consciência racial ou nacional. Como cidadãos de um país, somos responsáveis pelos atos de nosso governo e, quando endossamos atos que violam os Dez Mandamentos, acionamos a lei cármica e seus resultados inevitáveis recairão sobre nós. A única maneira de um indivíduo escapar da lei cármica de seu governo é, intimamente, discordar de tais atos.

Quando um cidadão concorda que se jogue uma bomba que varra cidades inteiras, participa da experiência cármica de seu governo, e dia virá em que será pago em moeda semelhante. Porém, se o cidadão não só repudia o ato, mas chega ao ponto de afirmar com sinceridade: "Preferiria ser atingido pela bomba e ter minha própria família destruída a aprovar que meu governo destrua os outros com ela", nesse estado de consciência, o indivíduo está livre dos efeitos do carma acionados por tal ato.

Não é necessário combater o governo nem pregar contra seus pecados; basta que, dentro de nós, não concordemos com a violação dos Dez Mandamentos.

Quando o Mestre nos deu a verdadeira religião espiritual, desconsiderou nove desses mandamentos e os substituiu pelo Primeiro Mandamento: "Amarás o Senhor teu Deus com todo o teu corpo, com todo o teu coração, com toda a tua alma e toda a tua mente",[10] e a este acrescentou outro, também antigo: "Amarás teu próximo como a ti mesmo".[11] Esses são os dois únicos mandamentos a que Jesus atribuiu significado espiritual, e são um guia para nossa condição humana.

O primeiro, "Amarás o Senhor teu Deus com todo o teu corpo, com todo o teu coração, com toda a tua alma e toda a tua mente", tem a finalidade de nos conduzir à obediência a Deus e a suas leis. Amar o nosso próximo como a nós mesmos nos tira definitivamente do jugo da lei cármica, pois não desejaremos nem cometeremos qualquer mal ou injustiça para os outros mais do que desejaríamos para nós. Rezar a Deus para prejudicar ou insultar os outros é uma forma de ignorância pagã, e orar a Deus para obter vantagens pessoais é também outra forma de estupidez pagã.

Por isso, nos nossos inter-relacionamentos, vivemos imersos na realidade de que somos Um, ou, como ensinou o Mestre: "Não chameis a nenhum homem sobre a Terra vosso pai: pois que um só é o vosso Pai, aquele que está no Céu".[12] Se pudermos nos ver como irmãos e irmãs, não criaremos efeitos cármicos para nós, pois nossa vida será de amor, serviço, devoção e partilha.

Se nosso relacionamento for puro, não desejaremos nada de quem quer que seja, a não ser a chance de trabalhar, partilhar e, de alguma maneira, ser instrumento de bênção para o nosso próximo. Nada pediremos em troca. A oportunidade de repartir, amar e cooperar será o suficiente, pois tudo que o Pai tem é nosso, e Ele tem os meios de nos suprir sem sequer pedirmos.

Tal estado de consciência da nossa verdadeira identidade cria uma ligação espiritual entre todos aqueles que estão nesse mesmo caminho. E, nessa ligação, ninguém pensa em tirar vantagem do outro; ninguém pensa no próprio benefício e engrandecimento ou em qualquer forma de egoísmo, mas apenas na ideia de partilhar o Eu.

Em algum momento, esse será o comportamento geral sobre a Terra, e a lei do olho por olho — a lei cármica — deixará de agir em nossas experiências.

Os pensamentos que expressamos voltam para nós, pois essa é a natureza da lei do "o que semeares, colherás", mas Deus não pode ser culpado por isso. Nós acionamos a lei cármica e é isso que retorna a nós. Pelo simples fato de termos nascido, somos culpados pelas ofensas de omissão e comissão, e com isso nos colocamos sob os efeitos da lei cármica. Naturalmente surge, pois, a pergunta: a lei cármica pode ser rompida? Pode ser terminada? A resposta é Sim.

Podemos anular os efeitos da lei cármica ao reconhecermos que nós mesmos a acionamos pelos nossos pensamentos e feitos, ou pela aceitação de uma consciência racial, religiosa ou nacional, para então renunciar a tudo isso. Quebra-se a lei cármica por meio do arrependimento e vivendo constantemente em uma atmosfera de amor e perdão. Não seremos mais seres humanos ou mortais, pois não mais abrigaremos pensamentos e atitudes da mortalidade.

Desse momento em diante, o único carma ao qual estaremos sujeitos será o racial e o nacional, e mesmo esse pode ser rejeitado na nossa consciência. Se houver uma guerra amanhã e formos chamados a servir às armas, devemos atender ao chamado. "Devolveremos a César o que é de César"[13] — precisamos cumprir nossas obrigações enquanto cidadãos, porque, se não fizermos a nossa parte, estaremos nos subtraindo desse problema temporário e impelindo outra pessoa a servir em nosso lugar, a ocupar a posição que seria nossa. Isso é muito pior do que aceitarmos o chamado às armas, porque, no fundo, respondendo ao chamado, podemos desaprová-lo e orar sinceramente pelo inimigo como por nós mesmos. Podemos orar pela segurança, pela liberdade e salvação do inimigo e, mesmo "devolvendo a César o que é de César", podemos nos livrar da lei cármica desempenhando aquilo que nos foi solicitado como cidadãos, porém sem ódio ou espírito de vingança e com desapego.

Somente uma coisa livra-nos da lei do "o que semeares, colherás" — parar de semear. E a única maneira de fazê-lo é reconhecendo nossa identidade espiritual, e aí não mais precisaremos alcançar, arquitetar, tramar, planejar, agarrar ou mesmo desejar qualquer coisa que outros tenham, mas poderemos ser espectadores atentos de quão maravilhosos são os caminhos que o Pai dispõe para nos prover, sem privar ninguém.

No Caminho Infinito reconhecemos que existe uma lei, mas também algo chamado Graça. Deixe-me explicar deste modo: Se ainda não tivermos aprendido a metafísica moderna, estaremos sujeitos às leis da matéria, que nos subjugam neste plano humano, como as do clima, das infecções, da hereditariedade, do meio ambiente, do tempo e do espaço. Todo ser humano está sujeito ao tempo. De fato, se olharmos para o calendário por muito tempo, nos sentiremos cansados, fracos e esgotados.

Aqueles que já tiveram alguma experiência com curas metafísicas ou espirituais perceberam que essas leis da matéria não têm poder na presença da compreensão espiritual. São teorias e crenças, mas há uma Graça que as põe de lado. O que não significa que no plano humano não existam leis materiais, tampouco que não existam leis mentais; isso apenas quer dizer que o estado de Graça tira o poder de ambas.

Sob a Graça, não há lei. No reino espiritual, que é o estado de Graça, não há dois poderes atuando, se superpondo ou se aniquilando mutuamente; há apenas um. Não há oposição nem debate no reino do Espírito: há apenas o estado de Graça, que por si só é a lei que elimina qualquer fase da materialidade. Quando entramos no estado de Graça, não temos saúde boa ou má, suprimento farto ou parco; vivemos em um estado de espiritualidade no qual não há nem bem nem mal — não há graus ou comparações: há apenas o Ser — o Ser divino, o Ser espiritual, o Ser único.

É apenas quando paramos de pensar em termos de saúde e doença, riqueza e pobreza, e começamos a pensar em termos de espiritualidade, que transcendemos não só o que há de ruim na humanidade, mas também o que há de bom; transcendemos os Dez Mandamentos e nos elevamos àquela consciência que Jesus Cristo revelou nos dois grandes Mandamentos, que nos confirmam haver um só poder — um só Deus, um só Espírito, uma só Alma — e que todos nós somos apenas Um.

Essa percepção é apenas o primeiro passo. Os Mandamentos devem ser vividos e aceitos pela consciência de modo que aprendamos, de fato, a perdoar nossos inimigos. Aprendamos a não criticar, julgar ou condenar aquele que cometeu um erro, não o perdoando, mas, na medida em que ele se esforça para compreender, estendendo-lhe a mão, ajudando-o a perceber que a natureza de Deus é de fato a alma de cada um. Qualquer ser humano bom pode olhar com benevolência as faltas alheias e perdoar os pecados dos outros. Qualquer ser humano bom pode fazê-lo, mas necessita da visão espiritual que o capacite a dizer: "Eu não vejo ninguém; só a face do Senhor é que brilha. A Alma de Deus transparece através de todos os olhos".

Tal compreensão não cura doentes ou pecadores: ela os "mata"[14] mais rapidamente, de modo que seu ser espiritual possa ser revelado. Quanto antes o homem morrer para sua humanidade, mais cedo sua Alma se revelará.

Certa vez, um homem conhecido e sábio perguntou-me por que eu gastava tanto tempo em trabalhos de cura. Quis saber, por exemplo, por que seria bom curar uma senhora muito idosa, já que em um ano ou dois ela morreria de qualquer jeito, e o que ela faria nesse meio-tempo com saúde: "Será que assim tricotaria mais meias para seus netos?"

Compreendo esse ponto de vista, mas não é o meu; não me interessa que avós façam meias de tricô ou não. Interessa-me apenas que a Alma de cada um seja revelada, a Alma que permanecerá aqui eternamente. Não me interessa pregar para os pecadores para torná-los bons, nem mesmo tratar doentes para que fiquem saudáveis. Reconheço o lugar de cada coisa na escala ascendente, mas essa não é a finalidade do nosso destino. Não é o intuito do nosso trabalho.

É chegada a hora de não mais pensar em ser saudável ou rico e, sim, em ser espiritual. Chegou o momento de pensar em ser, em ter o Espírito de Deus habitando em nós, a fim de que possamos reivindicar nossa herança como Filhos de Deus, "coerdeiros com Cristo"[15] de todas as riquezas celestes. É tempo de pensarmos assim: Se formos crucificados, poderemos ressurgir do túmulo? Se formos crucificados ou morrermos naturalmente, poderemos nos erguer e caminhar sobre a terra de novo em corpo físico — falar, comer, beber?

A cada um de nós já deve ter ocorrido que deve haver algo mais na vida do que ser saudável e ter fartura. Há algo mais para se viver do que vagarmos pelo mundo para nosso prazer. Há algo mais na vida, e isso é a *Vida*. A Vida é eterna, a Vida não conhece túmulo, desconhece enfermidades, pecado, pobreza, guerra ou carência. Essa Vida pode ser alcançada?

Qualquer um que tenha alcançado o mínimo de visão espiritual pode ajudar na obtenção dessa Vida curando as doenças físicas, mentais, morais e financeiras de seu próximo. Podemos nos ajudar mutuamente a ter um sentido mais amplo de abundância, revelar e ensinar a verdade espiritual, ajudando com isso nossos irmãos ao longo do caminho. Mas é tudo o que podemos fazer.

Depois disso, cada um de nós deverá morrer dentro da própria consciência para o homem velho dar lugar ao homem novo. Cada um deverá reconhecer por si que isso pode ser feito, pois há os que estiveram na Terra e nunca morreram e, se pudermos nos elevar o bastante em termos de consciência, poderemos nos reunir com eles.

Existem aqueles que, agora mesmo, estão em comunhão com Jesus Cristo, com Moisés, Abraão, Lao-Tsé, Buda, João. E por que não? Podemos comungar com os irmãos que estão junto de nós. "Ah", você dirá, "meus amigos estão vivos". E assim estão essas grandes almas. Ninguém jamais morre após ter tido a iluminação espiritual. A mínima compreensão de que a vida é mais que a matéria, mais do que os nossos olhos veem, é iluminação suficiente para evitar que alguém morra. É só necessário termos um pouco da consciência que Deus tem.

O que não significa, necessariamente, que todos nós caminharemos para sempre sobre a Terra. Isso não faz parte do plano. Também não significa que nossas crianças permaneçam como tal para sempre. Terão de se tornar jovens, adultos e, finalmente, maduros. Há diferentes estados e estágios de consciência, e ninguém permanece para sempre no mesmo estado. Se todos atingem a idade madura, significa apenas que superaram um estágio de suas vidas para entrarem em outro, no qual serão mais frutíferos, mais alegres, mais felizes e prósperos.

O Filho de Deus está dentro de cada um de nós. Cristo não é um homem que passou pela Terra dois mil anos atrás. Esse homem foi Jesus, mas o Cristo é o Espírito de Deus no homem. Era esse Espírito a consciência transcendental de Jesus, a mesma consciência que é o Filho de Deus em nós. Sua função é nos curar, alimentar, vestir e abrigar, ser uma proteção e segurança para nós, assim como o foi na Galileia.

Para nos valermos Dele, temos de nos livrar desse Deus de prêmio e castigo e aceitar o de Amor, no qual não há escuridão nem características humanas, nem sombra de mortalidade. Quando conhecermos Deus desse modo e não mais O temermos, nem sua cólera e punições, mas O compreendermos como um Deus de Amor e Vida eterna, saberemos que não estamos sob qualquer ameaça de doença, morte ou velhice, pois em Deus não há tais coisas.

A função do Mestre, isto é, o Cristo em nós, é anular a idade, pensamentos e desejos pecaminosos, doenças, perdas, limitações e, finalmente, o último inimigo, a própria morte. Se semearmos no Espírito, moraremos na Verdade espiritual de que eu e o Pai somos um, inseparáveis e indivisíveis. Mesmo que façamos nossa cama no inferno e, temporariamente, caminhemos pelo vale da sombra da morte, eu e meu Pai somos ainda assim inseparáveis e indivisíveis. Somos um e tudo o que o Pai tem é nosso, não por tê-lo ganhado ou merecido, mas pela Graça de Deus.

O que Deus faz, o faz sem qualquer razão para fazê-lo. Será o amor de Deus menor que o amor de uma mãe? O que uma mãe faz pelo seu filho, o faz sem qualquer razão: e ela nada cobra da criança. A mãe sabe que se desdobra pela criança por causa do amor que a move. Ela nunca pune seu filho — corrige, disciplina, isso sim. Mães amam menos uma criança que errou do que uma boazinha? Pelo contrário, às vezes até um pouco mais. E terá uma mãe mais amor do que Deus? E será Deus menos que uma mãe humana?

Deus não é um ser super-humano, não é uma pessoa com emoções humanas, não tem piedade nem condena. Deus É, e está disponível para todos aqueles que podem reconhecer que Ele É. Todas as nossas orações absurdas suplicando que Deus seja diferente do que é cessarão no momento em que descobrirmos que Ele não é influenciado pelo homem nem recebe suas ordens.

Deus não comunga com nossa ideia do que é justiça, amor e piedade, mas nos concede Sua ideia de amor, justiça e misericórdia se escutarmos a "pequena Voz silenciosa".[16] Honremos a Deus pela compreensão da Sua onipotência, Sua onipresença, Sua onisciência. Deus é a infinita Inteligência e o infinito Amor que mantêm a lei universal. Em vez de orarmos a Deus, fiquemos recolhidos no silêncio interior, para podermos ouvir a pequena Voz silenciosa.

III
Além do poder

Enquanto o homem tiver alguém ou alguma coisa em que possa se apegar, não encontrará Deus. Qualquer coisa que o homem conheça ou possa vir a conhecer por meio de sua mente — seja coisa, seja pensamento — não é Deus. Não encontramos Deus enquanto tivermos onde nos sustentar, nos apoiar ou algo em que possamos pensar. Por mais estarrecedor e incrível que possa parecer, é verdade.

A maioria de nós conheceu coisas boas e ruins na vida, porém; embora não nos alegremos com as coisas ruins, sem dúvida temos de admitir que a felicidade nas coisas boas é fugaz. A maioria de nós já deve ter suspeitado que há algo além disso tudo; mas o quê? E o que é esse algo? Seria Deus? Se for, o que é que os homens chamam de Deus? Será Ele uma vaga esperança, um sonho sem sentido, ou Deus é de fato alcançável? É possível conhecer a Deus?

A busca de Deus não é fácil para ninguém e, quando chega Sua revelação, é algo tão diferente do esperado que, se a pessoa for sincera, terá de confessar que está além da sua compreensão. Só depois de termos tido confirmação daquilo que descobrimos através das palavras faladas e escritas de milhares de modos diferentes, a revelação se instala definitivamente.

As religiões cresceram porque em um tempo muito remoto o homem encontrava constantemente problemas de um ou outro tipo na sua experiência humana. Se fosse pescador, achava que a pesca não estava correndo bem em determinada estação; se fosse caçador, enfrentava períodos de escassez; e, se fosse lavrador, às vezes sofria com chuvas demais ou de menos. Ocasionalmente, enfrentava inimigos que poderiam molestá-lo, e quase sempre os fortes sobrepujavam os fracos, saqueando os vizinhos menos poderosos e, às vezes, reduzindo-os à escravidão. Mesmo que não os capturassem em completa escravidão física, os mantinham escravizados mentalmente, na maior ignorância possível, a fim de explorá-los com mais facilidade. E, na eventualidade de os fracos se fortalecerem, o quadro muitas vezes se invertia.

Os registros históricos indicam que os poderosos sempre ganharam dos fracos — as balas sobrepujaram os que tinham arcos e flechas; os canhões triunfaram sobre as balas; e, por fim, as bombas ganharam dos canhões. Sempre se usou um poder para sobrepujar outro e, como último refúgio, os homens se voltaram para Deus, esperando que Ele fosse mais poderoso que as armas que possuíam.

O Velho Testamento está cheio de relatos de pessoas e nações que pediam a Deus que destruísse seus inimigos. Não há, porém, relatos de que tais inimigos fossem piores do que eles e, por isso, merecedores da destruição — apenas precisavam das terras ou dos escravos dos inimigos, ou de suas posses. O único pedido nas orações a Deus era que Ele destruísse os inimigos e lhes entregasse suas propriedades!

Esse é o significado de Deus, ainda hoje, para muitas pessoas: algo para ser usado. Só que hoje, em vez de estarem preocupadas apenas com os inimigos humanos, as pessoas atribuem a Deus também a responsabilidade de livrá-las de suas doenças e pecados. O homem sempre procura um poder maior com o qual possa sobrepujar as forças que o perturbam e aborrecem.

Hoje o mundo testemunha forças maiores do que eram esperadas ou atribuídas a Deus, uma vez que as forças materiais descobertas lhe permitem destruir os inimigos quase instantaneamente, a menos que o agressor se antecipe. Descobriram até mesmo os poderes mentais, mas ainda não encontraram, no mundo material, mental ou espiritual, um poder que possa aniquilar o pecado, a doença e a pobreza.

O mundo moderno, mecanicista, busca exatamente como nos tempos anteriores a Abraão, Isaac e Jacó; ainda ora a Deus pelas mesmas coisas que os nossos antepassados pagãos. O homem ainda não aprendeu a grande lição de que, para superar toda e qualquer dificuldade, não pode usar nenhum tipo de poder; e, se até agora não percebeu a loucura de procurar poderes com os quais aniquilar o erro, talvez seja mais sábio deixá-lo seguir seu caminho indeciso, enquanto trilhamos um caminho superior, um caminho infinito, mostrando que não há poderes a superar, pois a vida deve ser vivida "não por força, nem por poder, mas pelo meu espírito".[1]

Quando o grande mago da General Eletric, Charles P. Steinmetz, disse, quarenta anos atrás, que a próxima grande descoberta do mundo seria o poder espiritual, foi, de fato, profético. Deve, contudo, ser entendido que o poder espiritual ao qual ele se referiu não é um poder no sentido que se dá comumente ao termo: poder Espiritual é a ausência de poder; não é físico, nem mental nem passível de manipulação. Por isso, palavras como *usar a Verdade* são arcaicas. Deus não pode ser usado — imaginem o homem usando Deus! Só a ideia já é chocante.

Quando o poder espiritual for finalmente compreendido, revelar-se-á como um *não poder*. E o que significa tal afirmação? Não poder significa um estado de consciência no qual não há duas forças combatendo uma à outra; não há dois poderes, um para ser usado na destruição do outro. Em outras palavras, não há poder espiritual que possa ser usado por quem quer que seja para destruir seus inimigos; não há poder espiritual que possa ser usado no lugar da força nuclear em que o mundo hoje confia tanto.

Alguns poderão pensar que, uma vez que o poder que procuramos e esperamos usar é espiritual, esse uso seria legítimo. O que estaríamos, de fato, fazendo seria esperar que o poder espiritual fizesse exatamente o que confiamos que as bombas façam. Esqueçam a crença de que seja possível encontrar um poder desconhecido que faça aquilo que os poderes já conhecidos não conseguem fazer. Impossível encontrar um poder espiritual que destrua ou supere o que for, ao contrário, vamos superar a crença de que existe o bem ou o mal, em qualquer efeito ou forma.

Quando meditei sobre essa ideia de poder, percebi que a causa de toda perturbação e todo conflito na vida reside na crença profundamente arraigada na existência de dois poderes, o que tem resultado em atitudes como a sobrevivência do mais apto, autopreservação como lei fundamental da natureza e no uso da força nas guerras e em quase todas as atividades da existência humana. Ao longo dos tempos, um poder sempre foi usado para superar, destruir ou substituir outro e, a despeito de tais usos do poder, os mesmos males que estavam sobre a terra desde o começo dos tempos ainda assolam o mundo. O passar do tempo não eliminou ou destruiu, de modo algum, o poder do mal.

Eu estava em meditação, ruminando tais ponderações, quando veio à minha mente uma pergunta: estará o homem procurando por um poder maior para fazer algo a esses outros poderes? É possível que haja uma força espiritual que venha a destruir e suplantar o poder material? E, se isso for descoberto, poderá advir algum mal do seu uso, até que o mundo tenha que descobrir outro poder que supere o do espírito? Qual é o limite? Onde isso vai parar?

Eu sabia que, onde quer que tenha sido usado qualquer tipo de poder, sempre houve a possibilidade de ser usado tanto para o bem como para o mal. "Como isso é possível?", perguntei na minha meditação. "Em um mundo ordenado por Deus, será possível que o poder de Deus seja usado tanto para o bem como para o mal?"

Muito rapidamente veio a resposta: "Não! Se você descobrir o que é o poder de Deus, compreenderá que não há opostos nem oposição. Tal poder não pode ser usado nem para o bem, nem para o mal; só pode permanecer como poder criativo, de preservação e sustento do bem, um poder que não pode ser usado. *O poder de Deus não pode ser usado*:

pode nos usar, mas não pode ser usado por nós. Esse é o poder que o mundo espera e que provará ser poder nenhum, aquele que ninguém pode usar, mas que só mesmo o próprio Deus* pode ativar, expressar e motivar.

Ficou muito claro para mim que, enquanto houver crença em dois poderes, haverá pessoas a usá-los para o bem e para o mal; mas, visto que a inércia impede a maior parte da humanidade de assumir uma posição ativa para o bem, geralmente o mal predomina.

Quando o poder se apoiava principalmente na força material, havia forças boas e más atuando. Veio, então, a era em que predominou o poder mental e, por um curto período, foi usado para curar e regenerar. Mas logo se descobriu que o poder mental poderia ser usado tanto para propósitos ruins quanto para os bons. Hoje, como sempre, o mundo ainda abriga ambas as forças — a material e a mental. O desafio é, portanto, ir além do uso de qualquer força ou poder, até um estado de *não poder*.

Para cada parcela de poder positivo que possa ser posto em ação, quer no reino material, quer no mental, alguém vai descobrir como usar uma força do mal correspondente. A solução definitiva para essa luta de forças opostas está na habilidade de se elevar até o poder de Deus, que não é um

---

* Em toda a literatura espiritual, as diferentes concepções de Deus são indicadas pelo uso de palavras como "Pai", "Mãe", "Alma", "Espírito", "Princípio", "Amor" e "Vida". Portanto, neste livro, o autor utilizou os pronomes "Ele" e "Isso", bem como "Dele" e "Disso", referindo-se igualmente a Deus.

poder bom, mas criador, de manutenção e sustento; elevar-se até a dimensão de vida em que não há poderes que possam ser usados.

Em um universo criado por Deus, o segredo da vida está no não poder. Quando atingimos esse ponto, *nenhum poder pode atuar contra* nós, *em nós ou por meio de nós*. Isso nos coloca em posição bem humilde, a qual, por mais que não gostemos de fazê-lo, temos que reconhecer, como Jesus: "Eu, por mim mesmo, nada posso fazer".[2]

Esse é o objetivo desta mensagem — chegar a um ponto em que não só concordamos com a afirmativa "Eu, por mim mesmo, nada posso fazer", mas também demonstramos que, além de ser realmente verdade, permitimos que o poder de Deus, o não poder, se afirme e atue.

Há uma segunda parte desse princípio que é tão importante quanto a primeira. Afirmei acima que o homem sempre procurou um poder para sobrepujar outros poderes, mas também procurou algo além disso. Procurou um Deus que lhe desse *coisas* — comida, roupa e moradia.

Como o Mestre sabia disso, preveniu seus seguidores: "Não vos preocupeis com o que haveis de comer ou o que haveis de beber; nem quanto ao vosso corpo, pelo que haveis de vestir".[3] Ele sabia que, desde muito antes daqueles tempos, o homem estivera à procura de um Deus que lhe desse comida, roupa, abrigo, companhia, suprimento, boas colheitas, boa caça e boa pesca; e, apesar de ter ordenado que parassem de procurar coisas, dois mil anos depois o mundo ainda vai à igreja rezar, justamente, por aquilo que o Novo Testamento disse para não buscar na oração. Os homens ainda procuram um Deus que lhes dê *coisas* — e falham, da mesma maneira como falharam na busca de um Deus que fosse um poder insuperável para destruir seus inimigos.

Quando abandonamos a busca pelo poder de Deus, encontramos o não poder que traz harmonia para a nossa vida. Quando paramos de pedir coisas para Deus, recebemos o maior dos presentes — o próprio Deus. Receberemos Deus na consciência, em nosso santuário interior, nesse lugar secreto do Altíssimo, que não se encontra em outro lugar senão dentro de nós mesmos. A grande lição a ser aprendida é que o intuito de todas essas coisas é a descoberta de Deus como um fim em si mesmo.

Àqueles que pensam: "Será que terei saúde?", ou "Será que terei suprimentos suficientes?", minha resposta é: "Suponho que sim — suponho que sim porque a Graça de Deus nos supre abundantemente com tudo de que precisamos, mesmo aquilo que se apresenta como este cenário humano, mas não temos nenhum poder para obter tais coisas de Deus. Quando temos a percepção consciente de Deus, a dor, as perdas e as limitações desaparecem".

Infelizmente, ainda haverá pessoas doentes ou pobres. Os pobres sempre estarão conosco — pobres de saúde, de recurso ou de moral. Com esses, repartimos nossa abundância o melhor que pudermos. Mais do que isso não podemos fazer. Nunca poderemos lhes dar tudo aquilo de que precisam ou querem. Essa é uma impossibilidade, porque as necessidades ou os desejos do "homem, cujo fôlego está nas narinas",[4] não têm fim; até que perceba a futilidade da busca das coisas, nunca ficará satisfeito.

Por que não paramos de procurar o poder de Deus, de buscar algum pensamento ou verdade que achamos que nos deixará melhores ou mais prósperos e, em vez disso, atentamos para o fato de que, por nós mesmos, nada podemos fazer e que o inimigo não pode ser destruído? Observemos que todo o mal do mundo é o "braço de carne"[5] e deixemos que se vá de nossa vida — não forçando ou afastando, apenas *deixando passar*. Nada se consegue lutando física ou mentalmente, pois lutar só faz aumentar o que parece ser um poder maligno na nossa vida. Somos nós que mantemos falsamente um sentido de poder no pecado, no falso apetite, na doença, na perda ou na limitação, um sentido de poder que as coisas, sejam quais forem, não têm. E eis por que ainda não foi descoberto um poder, em nenhum dos reinos — material, mental ou espiritual — suficiente para remover qualquer condição indesejável.

Sempre que nos ocorre o pensamento "eu preciso disso"; "eu preciso daquilo"; "eu gostaria disso ou daquilo"; "eu deveria ter isto"; "eu deveria ter aquilo", nossa reação deveria ser: "'O homem não vive só de pão'[6] — pelo efeito, pela criação —, mas pelo Espírito, o Criador". Essa deve ser uma atitude contínua, até que tenhamos sobrepujado os nossos desejos por alguém ou por qualquer coisa do reino exterior. Temos que abandonar todos os desejos do que é visível e perceber que vivemos não pelas coisas visíveis, mas, sim, pelas invisíveis; e notaremos, então, que o Infinito Invisível trará para nossa vida circunstâncias, condições, pessoas e coisas de que necessitamos em nosso dia a dia.

Do mesmo modo, sempre que formos tentados a pensar em algum poder — algum poder mau, negativo, errôneo, que esteja aparentemente dominando nossa existência, tornando-a fútil e infrutífera, e que gostaríamos de eliminar — vamos sorrir diante disso e perceber: "Não preciso de qualquer poder para superar esta discórdia. Há um Deus, mesmo que eu não saiba o que é Deus. Não posso saber o que é Deus porque Isso está além de toda a compreensão humana. Se eu puder pensar em algo que eu acredite ser Deus ou a Verdade, acabarei percebendo que não é Isso". E assim será por todo o sempre, até que percebamos que, se conseguimos imaginar Isso, então não é Isso.

Como alguém poderia acreditar que a ideia que tem de Deus possa ser Deus? Isso certamente seria torná-Lo finito e limitado. O grande Salomão entendeu por completo que mesmo o magnífico Templo que construíra não poderia abrigar Deus. Nada é suficientemente majestoso para acomodá-Lo. Nem o mundo inteiro pode, e, todavia, construímos em nossas mentes casinhas de cachorro ou ninhos de pombos e pensamos que Deus esteja ali, apenas porque mudamos Seu nome para Mente, Vida ou Amor, tentando associá-Lo a ideias ligadas a Ele. Que tolice! Ora, todo universo do homem não é grande o bastante para abarcá-Lo!

Fiquemos satisfeitos em saber que Deus É — e que há evidências disso na vida que nos rodeia, na vida que gera vida, na abundância de amor em um mundo que, às vezes, parece sem amor, na beleza incomensurável de um mundo que continuamente a destrói.

O que Deus é, não sabemos, mas há muitas e muitas maneiras de observarmos e testemunharmos Sua presença — não O conhecendo, mas vendo Seus efeitos. Não sabemos como Deus atua, mas no Caminho Infinito descobrimos que Ele age no Silêncio, quando o pensamento se cala e quando o sentido humano do ego está tão reduzido que ele realmente acredita que "eu, por mim mesmo, nada posso fazer", e então é preciso ter a paciência de esperar que nos seja revelada a glória de Deus.

Apenas àqueles que estão prontos a se livrar de seus conceitos de Deus, a parar de sonhar, pensar, esboçar, em completa rendição, poderá Deus revelar-Se:

Deus, eu não sei o que és, ou mesmo como orar corretamente. Não sei como entrar nem como sair; nem sei para que orar.

Não posso acreditar no Deus aceito pelo mundo, pois tenho observado a improdutividade e a frustração que acompanham uma fé tão cega. Eu posso encontrar o Deus que nenhum homem jamais conheceu — o Deus que É — o único e verdadeiro Deus que criou este universo à Sua própria imagem e semelhança — perfeito, harmonioso e completo — o qual sustenta e mantém em Sua eterna e infinita perfeição. Nesse Deus posso acreditar.

Revela-Te, Pai; mostra-me a Tua vontade. Nunca mais Te desonrarei tentando Te dizer do que preciso e Te coagir a me suprir. Nunca esperarei que faças minha vontade ou cumpras minhas ordens — que sejas meu garoto de recados.

Coloco minha vida, minhas mãos, meu ser e meu corpo à Tua disposição. Faze disso o que quiseres, Pai.

Toma meus pecados, meus medos e minhas doenças; toma minha saúde e minha riqueza; toma tudo. Peço apenas um presente — a dádiva que és Tu.*

Podemos chegar a esse estado de receptividade e a ele responder apenas quando estivermos prontos, e a nossa prontidão só virá após termos experimentado todas as diferentes formas de Deus que o mundo nos apresenta: o das religiões, o do mundo metafísico, o que achamos poder usar, o que demonstra as coisas. Experimentamos todo tipo de Deus, e só depois de ter chegado ao fim das tentativas é que estaremos prontos para a rendição, prontos para não mais buscar um grande poder para destruir os inimigos ou para nos recobrir de dádivas. Livremo-nos desse tipo de Deus, detendo-nos nas seguintes expressões: "Deus É. Sua Graça me basta — e não a força ou o poder. O homem não deverá viver por outros poderes ou outras coisas, mas pela Palavra".

Tempos atrás, os que sondam a metafísica perderam sua fé no poder material e em seus meios. Agora, ao darmos o passo seguinte, que é nos livrarmos da crença em meios mentais — poderes e soluções mentais —, chegamos ao Deus verdadeiro, que pode ser vivenciado, *mas que nunca pode ser conhecido e nem usado pela mente.*

---

* As partes em itálico deste livro são meditações espontâneas que ocorreram ao autor durante períodos de elevação da consciência e não pretendem, de modo algum, ser tidas como afirmações, negações ou fórmulas. Foram inseridas neste livro de quando em quando como exemplos do livre fluir do Espírito. À medida que o leitor praticar a "Presença", em seus momentos de elevação, também receberá novas inspirações, como se transbordassem do Espírito. (N.A.)

Parte II

Do irreal para o real

IV
QUEM TE DISSE?

O mundo nunca poderá ir além da ideia de usar um poder para superar outro e penetrar no reino do não poder enquanto não for compreendido o mistério do Gênesis. Nesse primeiro livro da Bíblia encontramos dois depoimentos sobre a Criação que são completamente conflitantes e contraditórios: o primeiro capítulo é, obviamente, o trabalho de um místico que atingiu a completa união com Deus e percebeu que o universo inteiro é tão somente Consciência manifestando-se como forma; ao passo que os capítulos seguintes relatam a criação da mente.

O primeiro relato da Criação é uma revelação da atividade da Consciência em toda a sua pureza e eternidade. Mostra o desenvolvimento de um universo espiritual, onde há luz antes que existam sol e lua, onde as colheitas estão no solo antes de as sementes serem plantadas e onde há homem antes de haver mulher. O que é formado da Consciência nunca nasceu: é meramente uma emanação Sua, que nunca teve início e nunca terá fim, pois, enquanto houver Consciência, tudo já está *formado*. Quando Ela se manifesta como forma, pode surgir como semente ou como árvore totalmente desenvolvida, sem nunca ter passado pelo processo de crescimento.

A Consciência, ou Alma, a que chamamos de Deus, Se revela e Se expressa como um universo espiritual, sem concepção nem nascimento. Em outras palavras, a Criação é a imaculada concepção de Deus, revelando-Se como identidade individual, expressa em forma humana, animal, vegetal ou mineral; assim, na realidade, Deus, Consciência, não é apenas a única essência e substância da Terra — mesmo do que se mostra como pedra, rochas, areia e solo —, mas também a substância da nossa verdadeira individualidade.

No Gênesis, aprendemos que Deus criou Adão e Eva e os colocou no Jardim do Éden, em meio a perfeição e harmonia, bondade, amor e beleza. Júbilo e harmonia reinaram até que sobreveio algo que as destruiu e expulsou Adão e Eva do Jardim, fato que sempre permaneceu enigmático; porém, todo esse mistério é bem explicado no segundo e terceiro capítulos do Gênesis.

No Jardim do Éden, Adão e Eva estavam nus, mas não tinham ciência de sua nudez; tinham corpos, mas, por terem a mente pura, não havia neles o pudor — os corpos eram tão normais e naturais, por que, então, se envergonhar? No entanto, o que lemos em seguida é que Adão e Eva ficaram envergonhados ao terem percebido sua nudez. De repente, a crença no mal invadiu suas mentes de tal forma que começaram a se cobrir e se esconder. O que eles estavam encobrindo, e do que estavam se escondendo, senão da crença no mal em suas mentes?

E Deus disse a Adão: "Quem te disse que estavas nu?".[1]

Nessa pergunta está resumida toda a essência da vida humana. Todos nós estamos na mesma condição em que se encontrou Adão, pois enquanto conservarmos a crença do bem e do mal seremos o Adão a se esconder, aquele que está fora do Éden, e por essa razão estaremos todos a encobrir nossa "nudez".

Todos escondemos algo, de alguém ou de nós mesmos, pelo medo de que esse algo venha à luz. Por quê? Porque habitamos o reino dualista do bem e do mal. Quem disse que isso é bom e aquilo é mau? Quem disse que é mais moral cobrir o corpo do que expô-lo? Quem disse que há pecado? Quem criou tal condição? Pelo fato de o próprio Deus ter feito a pergunta, entende-se que não foi Ele. Segundo Deus, não havia nada errado em um corpo nu na face da Terra.

O pecado que invadiu o Éden não foi uma maçã nem o sexo, embora as religiões tradicionais assim o identifiquem. O pecado foi aceitar dois poderes. Quando o homem começou a comer da árvore do conhecimento do bem e do mal, passou a acreditar no dualismo universal, e assim não pôde mais se dizer tão puro que não visse a iniquidade, pois agora já a vira e conhecera tanto o bem quanto o mal.

O segundo capítulo do Gênesis afasta-se radicalmente do primeiro, pois é um relato de uma criação da mente, uma mente produzindo imagens mentais, não uma realidade exteriorizada, mas formas mentais em pensamentos; mente aparecendo como pensamento, mutável como o tempo, assim como pensamentos que nunca saem do reino da mente para adentrar o reino do Ser.

A verdade concernente a essa questão é que, quer achemos que dois vezes dois são quatro, quer não achemos, não podemos mudar esse fato. Dois vezes dois *são* quatro. Não há nada que se possa fazer a respeito. É assim, mesmo que não concordemos, porque o fato é. Nossa opinião não pode tornar algo verdadeiro; mas, no silêncio interior, que é uma atitude de escuta, de aprendizado de Deus na qual Ele faz soar a Sua voz, a terra derrete — desaparecem o pecado, a doença, a carência — e Deus nos faz saber o que realmente é. É preciso sair do pensamento, entrar no reino do Ser, onde o que é real, É.

Quem de nós não tem bons ou maus pensamentos? Qual de nós não tem pensamentos agradáveis e desagradáveis, saudáveis e doentios, puros e pecaminosos? Assim acontece porque os pensamentos gerados unicamente pela mente ou são bons ou são maus.

Essa criação mental não é obra do Espírito ou da Consciência, mas uma criação da mente falsa ou carnal, dualista, feita da dicotomia que pensa correta ou incorretamente, sem a Consciência, ou Deus, como guia. O mundo sensorial, feito daquilo que podemos ver, ouvir, tocar, cheirar e saborear, não tem existência a não ser como criação da nossa mente carnal, que por sua própria natureza e princípio é finita, irreal, inconstante, sem outro apoio que não os pensamentos que oscilam do bem para o mal e vice-versa.

A partir do momento em que compreendemos que o segundo capítulo do Gênesis descreve a ação da mente, temos a chave para sua destruição: elevarmo-nos além da mente e do pensamento. Os pensamentos de Deus não são os nossos. Não temos a capacidade de pensar como Deus, mas, quando a mente transcende o pensamento e em nós se faz Silêncio, Deus pode fazer soar Sua palavra através de nós.

Quando formos capazes de emergir do reino do pensamento à esfera superior onde não há opiniões sobre qualquer coisa ou pessoa e quisermos ser perfeitamente transparentes às instruções de Deus, Ele fala a nossos ouvidos e nos mostra a realidade espiritual que existe quando o "homem de carne" que "não pode agradar a Deus"[2] — ainda com a aparência humana — é transformado no Filho de Deus e volta de imediato para o Éden, onde, como Seu filho, vive sob Sua direção.

A crença em *dois* poderes é o que nos prende à alternância dos pares de opostos: harmonia e discórdia, pobreza e abundância, vida e morte, doença e saúde. A habilidade de permanecer centrados em nosso ser interior, descobrindo que só há *um* poder que nos liberta — que não há bem nem mal em nenhum aspecto — e nos traz paz e compreensão.

O único diabo é o conhecimento do bem e do mal. Nós decidimos que isso é bom para nós, ou que aquilo é mau; embora a verdade seja: "Não há nada que seja bom ou mau, é o nosso pensar que assim o faz".[3] Para nos livrar dos pares de opostos, temos de parar a gangorra da mente, o que não é, de fato, tão difícil ou impraticável como parece.

Perguntam-me muitas vezes: "Como parar o pensamento?". E encontrei um modo. No momento em que posso olhar para uma pessoa ou condição sabendo que não é boa e nem má, meu pensamento cessa e minha mente se aquieta. E isso é o seu fim, pois agora não emite pensamentos em que possa se fixar: não penso no bem nem no mal. Tudo o que sei é que É, e estou de volta ao centro do meu ser, onde está todo o poder. Nossa mente não tem descanso quando pensamos a respeito das coisas ou pessoas, tanto em termos de bem como de mal, mas ela descansa quando abandonamos esses conceitos.

Após termos bastante experiência lutando contra qualquer forma de erro que possa ser imputado à raça humana, e de ter visto uma boa parte dos erros ser reduzida a nada, pela simples descoberta da não existência do bem e do mal, já que só Deus É, conseguimos responder ao nosso Pilatos particular, como fez Jesus, o Cristo: "Não terias nenhum poder sobre mim, não fosse aquele que te foi dado do Alto".[4]

Ao longo de meus anos de trabalho, aprendi que a falha na cura se dá na medida em que eu veja a pessoa ou situação como boa ou má. A cura ocorre com esta percepção: "Isto não é bom, isto não é mau, pois não há nem bem nem mal — aqui só há Deus — e onde está Deus está o Espírito do Senhor, e aí está a liberdade".[5]

Quando vivíamos no Éden, isto é, em harmonia e perfeição como puras manifestações divinas, *éramos* como deuses — inteiros e completos —, e o modo de retornarmos ao Jardim é nos livrando dos pares de opostos. Obtemos a completa harmonia quando não desejamos o bem mais do que desejamos o mal, pois quando desejamos algo, embora pensando ser bom, não temos a menor condição de saber se o nosso desejo satisfeito resultará em bênção ou dano. Mesmo uma coisa aparentemente desejável, como ser milionário, pode ser danosa e destrutiva, como muitos já descobriram.

Os ensinamentos tradicionais da metafísica concordariam que devemos nos elevar acima do mal, mas continuam a espreitar o bem à distância, na esperança de ver o mal transformado em bem; e é aí que cometem o erro que os impede de atingir a harmonia total.

Enquanto acreditarmos que algo seja bom ou ruim, que esteja com saúde um dia e no outro, doente, um dia jovem e com vitalidade e no outro velho e fraco, permaneceremos fora do Jardim do Éden. Esses pares de opostos se alternam de maneira cíclica. Só quando não desejarmos a harmonia e a riqueza mais que a pobreza e a discórdia, e buscarmos apenas o que era original e primordial no Éden, nos elevaremos para além dos pares de opostos e entraremos na vida eterna. Nesse estado de consciência, estaremos puros o bastante para habitar o Jardim do Éden, um estado de ausência de desejos e alegria por existir.

A pureza original de Adão e Eva consistia nessa ausência de desejos. Eles eram da substância de Deus e recebiam tudo de que necessitavam pela Sua Graça: Deus era a vida deles, formava e governava seus corpos. Todos os dias se regozijavam das coisas boas da vida até que, no meio desse paraíso, a ideia de bem e de mal se insinuou em suas consciências. Depois disso, não mais caminharam bem-aventurados pelo Éden, mas saíram para o mundo, onde se tornaram o homem e a mulher da terra. Eles mudaram do estado de felicidade completa do ser para o estado de consciência no qual tinham de ganhar a vida pelo suor da fronte — pela sua mente — e dar à luz com dor.

Enquanto mantivermos aceso o conhecimento do bem e do mal, estaremos vivendo no mundo como Adão e Eva, expulsos do Éden, e sujeitos às vicissitudes, às mudanças, aos acidentes, às limitações e à velhice.

No oitavo capítulo de Romanos, lemos que "o homem de carne", isto é, o homem-Adão, não pode agradar a Deus, não está sob a Sua lei, e só é filho de Deus se for habitado pelo Espírito. Não esqueçamos, contudo, que não somos dois. Não há um homem real e outro irreal, assim como não há um universo real e outro irreal. Só há um universo, e ele é real; só há um de você e esse é real. De fato, o homem de carne é o homem real, mesmo antes de o Espírito de Deus nele despertar, pois o primeiro e o último Adão são ambos seres espirituais — um, puro antes de ser expulso, e outro, puro depois de retornar ao Éden.

E assim é que você e eu somos puros filhos de Deus, nascidos no Éden, mas nutrimos ainda um sentimento de bem e de mal. Vivemos como homens e mulheres de carne que não podem agradar a Deus e que não podem estar sob Sua lei até que, em dado momento de nossa vida, nos seja revelado que toda a diferença entre o Adão e a Eva originais, criados por Deus, puros seres eternos, e nós, tal como somos agora, é que conhecemos o bem e o mal.

Se quisermos voltar ao estado edênico e sermos os homens e mulheres que éramos no início — pura criação —, é só nos livrarmos do nosso falso conhecimento do bem e do mal. Na realidade, tal conhecimento pertence ao reino da teoria, da crença, dos conceitos humanos. Devemos estar dispostos a encarar toda e qualquer condição, boa ou má, na nossa vida e no mundo, e afirmar com convicção: "Renuncio a ambas. Daqui em diante, não mais reconhecerei nem bem nem mal; conheço apenas Deus manifesto. Pela visão espiritual observo a Consciência manifestando a Si mesma em formas imortais — eternas, harmoniosas, abundantes. Daqui em diante, só aceitarei a revelação da criação verdadeira, na qual há luz sem que haja sol e onde tudo é harmonia".

Não há outro caminho e, queiramos ou não aceitar essa ideia, o segredo do viver harmoniosamente está na capacidade de abandonarmos todas as apreciações e julgamentos sobre situações e pessoas. É difícil fazer isso porque, no começo, temos de viver uma vida dupla. Por exemplo, é inevitável que nos defrontemos com o mal no mundo — más condições e, às vezes, pessoas más. Não há dúvida de que, como fez o Mestre, em certas circunstâncias, temos de nos livrar dos maus elementos que ocupam lugares importantes no governo, votando contra eles e expondo sua corrupção ao mundo, embora tudo deva ser feito com tal desprendimento como se fôssemos interpretar um papel em uma peça. No teatro da vida, seu papel pode ser o de um ladrão que roubou muito dinheiro, cujo crime perpetrado não o prejudicará nem o beneficiará. Estaria só interpretando um papel e se comportando como o personagem exigia. Um ator não precisa ser vilão para fazer esse papel — precisa apenas representar e, tão logo descer o pano, retirar a maquiagem e voltar a ser ele mesmo.

Assim é conosco. Dizemos e fazemos coisas, no estado de dualismo em que vivemos, mas é preciso aprender a esboçar um sorriso incrédulo dentro de nós, pois lembramos que somos apenas atores desempenhando um papel e, desse modo, não aceitar a aparência pela aparência.

De fato, temos de censurar o mal: às vezes votar contra ele; outras marchar contra ele e, não raro, corrigir crianças e até mesmo adultos. Isso, porém, deve ser feito sem convicção real de nossa parte, e reconhecendo que "Este é um mundo de aparências e as pessoas que nele habitam ainda não despertaram para o grande segredo da não existência do bem e do mal nas pessoas, nos lugares ou nas coisas".

É preciso olhar para as pessoas à nossa volta com a silenciosa anuência em nossa mente: "Eu sei que nesta sala não há ninguém ruim, nem pensamento mau, nem ladrão, nem mentiroso entre todos os presentes". Mas não basta; temos de ir um pouco além e acrescentar: "Porém, também não há ninguém bom".

No começo de nossa jornada metafísica, era difícil não ver o mal; porém é muito mais difícil alcançar o estado de consciência que nos eleva acima do bem — acima da boa saúde e de bons suprimentos — e nos recolhermos em um reino da consciência onde, mesmo que exteriormente vivamos uma vida comum, cultivamos uma profunda convicção: "Não quero aceitar as aparências. Não as aceitarei. Ficarei no É. Deus É e só Deus *É*; não pode haver boa ou má condição — só pode haver Deus".

O primeiro capítulo do Gênesis é um relato sobre um universo espiritual, povoado de seres espirituais que não viviam dos efeitos, mas sim da causa; que não viviam só de pão, que não tinham de ganhar a vida pelo suor da fronte; entretanto, no segundo e terceiro capítulos, o conhecimento do bem e do mal criou um sentido de separação de Deus, e assim o homem vive pelo poder e pelo efeito: vive do pão, do dinheiro, do pulsar do coração, da luz do sol, das coisas das criaturas, em vez de viver do Criador.

Ao lermos isso agora, tudo poderá parecer fácil de aceitar porque, se renunciamos e abandonamos a dicotomia bem-mal, somos seres puros, imortais, eternos, sem pecado ou vergonha, cientes de que nada há para temer, pois vivemos pela Graça de Deus. Mas não nos esqueçamos, porém, que o amanhã nos trará problemas que tentarão nos expulsar do Éden, assim como a mídia tentará nos hipnotizar com a aparência do bem e do mal.

Quando tais momentos surgem, lembremos que é preciso sermos fortes, e que é nesse instante que a Graça de Deus vem e nos permite manter nossa integridade espiritual.

A verdade de não haver bem e mal em qualquer forma é o segredo do não poder, é o segredo da vida pela qual a humanidade sempre procurou, chamado busca de Deus, do "Santo Graal"; mas, quando foi encontrado, se é que o foi, descobriu-se que não há bem nem mal no efeito. Esse segredo os levou ao paraíso, pois se depararam com a derradeira realidade: é apenas o conhecimento do bem e do mal que nos afasta do Reino de Deus.

V
MENTE TRANSCENDENTE

No princípio, havia somente um estado de consciência, o espiritual, mas, desde a chamada Queda, o homem foi dividido em três estados de consciência: material, mental e espiritual. A consciência espiritual, quando feita carne, é o corpo perfeito e imortal, mas muito poucos entre os bilhões de pessoas vivendo na terra atingiram tal consciência. Ao contrário, por incontáveis gerações, o mundo tem vivido no estado de consciência material e mental, e a maioria só conhece o sentido material do mundo, um mundo onde o homem vive pelo suor de seu rosto e tudo o que faz é feito por meios físicos e mentais.

Mesmo hoje, o mundo não se elevou muito acima desse sentido físico do universo, em que pese o fato de que, no último século,* muito foi revelado do mundo mental, embora, originalmente, no sentido de o mental governar o físico. Isso gerou a chamada ciência do pensamento positivo, concebida para manipular o cenário humano. Por exemplo, se alguém não tem casa, tudo o que tem a fazer é se imbuir do pensamento positivo e a casa aparecerá; ou, se não tiver companhia satisfatória, bastará pensar positivamente para que uma nova apareça! Se alguém tiver alguma doença, só um

---

* O autor se refere ao século XIX. (N.E.)

pouco de pensamento positivo e, como em um passe de mágica, a doença desaparecerá, fazendo surgir um corpo harmonioso.

Mesmo quando esse tipo de terapia mental é eficaz, e muitas vezes é, aqueles que se utilizam dessa técnica continuam vivendo em um universo físico — um corpo físico, um companheiro físico, tudo físico e sujeito às leis do bem e do mal — e no dia seguinte é bem possível que a desarmonia e a discórdia recomecem. Uma parte do corpo é curada e eis que outra doença se manifesta; o problema do provimento está resolvido, e então surge outro; e assim vai, na crença de uma desarmonia física, mental, moral ou financeira para outra, sempre com a mesma tentativa de usar o poder da mente para ajustar, sanar ou melhorar uma condição.

Contudo, o mundo tem a sorte de ter conseguido esse grande progresso, pois sem a descoberta do nível mental seria quase impossível dar o próximo e maior passo para o reino espiritual.

Antes de prosseguir, tentemos entender a função da mente. Talvez isso possa ser mais bem ilustrado se tomarmos o corpo como exemplo. Sabemos que o corpo é um instrumento usado para as atividades da vida humana, mas poucos reconhecem que, por ser um instrumento de Deus, deveria ser perfeitamente harmonioso. Não há razão para que o corpo se deteriore ou perca suas faculdades, e parece que isso acontece porque o homem ainda não aprendeu como se precaver de tais mudanças e a conservá-lo como um instrumento apropriado e efetivo para o uso diário. E isso pode ser feito se descobrirmos que a mente também é um instrumento e que também tem seu lugar de direito na nossa experiência.

Quando reconhecemos e aceitamos que a mente é um instrumento, devemos compreender também do que ela é instrumento, pois um instrumento, necessariamente, precisa ser governado e controlado. Infelizmente, a mente comum não é controlada, mesmo que alguns tentem fazê-lo e, desastradamente, muitas vezes arruínam sua vida por não terem compreendido que a mente não pode ser controlada pelo homem.

A mente é instrumento para algo maior do que si mesma e esse algo é o Eu. E, quando alcançamos o estágio de controle da mente pelo Eu, nos envolvemos em uma paz que ultrapassa a compreensão. Então não controlamos o corpo ou a mente, mas é a ação da Verdade em nossa Consciência — da qual tomamos conhecimento pela mente — que mantém a mente clara, pura, harmoniosa e vital; esta, por sua vez, controla, dirige e governa o corpo, agindo como purificador de ambos, corpo e mente.

Há um centro espiritual dentro de cada um, onde está registrada toda nossa herança espiritual. Esse centro não está dentro do corpo, mas em nossa consciência, de onde, pela sua infinitude, podemos tirar de tudo o que se fizer necessário ao nosso desenvolvimento, de agora até o infinito.

O princípio criativo básico e original, substância da Vida, é Deus, Alma ou Consciência, enquanto a mente é o instrumento pelo qual a ação de Deus se manifesta. A mente, pois, corretamente compreendida e utilizada, é um instrumento de Deus. Quando está aberta para receber o impulso divino, por ela fluem formas harmoniosas e perfeitas.

Por meio de Adão, a mente humana aceitou a crença do bem e do mal e, a partir daí, em vez de ser um puro instrumento da Alma, começou a se materializar em formas concretas, ora boas, ora más, exatamente como se fosse um molde do qual, seja qual for o perfil da fôrma, se reproduzem as peças. De modo semelhante, o produto da mente aparece como forma: se houver o mal na mente, aparecerá uma forma do mal e, ao contrário, se houver o bem, uma forma do bem.

A mente produz a sua própria imagem e semelhança, e se nós, que nos colocamos por trás dela, permitirmos que seja preenchida com superstição, ignorância ou medo — originários da crença em dois poderes — produzirá tudo isso em nossa experiência. A mente é a substância de toda forma de pecado, doença, morte, falsos apetites, carências, limitações, guerras e seus corolários e de tudo que chamamos de *mal*.

A mente preenchida com maus pensamentos — medo, ódio, injustiça, luxúria ou malícia — se mostrará externamente como desarmonia e discórdia; enquanto uma mente imbuída de bons pensamentos — caridade, pureza, benevolência, cooperação — aparecerá externamente como a boa vida. Essa é a lei cármica ensinada na Escritura: "O que quer que o homem semeie, *é o que* colherá".[1] A mente, no estado de não iluminação, cheia de crenças materialistas, teorias, opiniões, doutrinas e credos, só pode manifestar seu estado de caos; porém, se estiver livre de tais crenças, torna-se um instrumento com o qual o Princípio criador da vida pode fluir como forma eterna e harmoniosa.

A aparência externa é sempre formada pela mente. O que semearmos mentalmente, colheremos materialmente.

Matéria é matéria somente para a consciência que está em um estado de materialidade, mas, uma vez que nos elevamos para um estado mental de consciência, a matéria deixa de ser matéria, torna-se mente, que é a substância e a essência da qual a matéria é feita e que aparece como forma ou efeito. A mente é o princípio, a vida e a lei de toda forma material ou mental.

Esse não é um conceito fácil de compreender, mas, se fizermos uma analogia com algo que nos é familiar, podemos torná-lo mais claro. A combinação de duas partes de hidrogênio com uma de oxigênio é chamada água, mas a água pode se transformar em vapor ou gelo e, embora as três formas físicas sejam diferentes, a essência permanece a mesma, ou seja, duas partes de hidrogênio e uma de oxigênio.

Da mesma maneira, a mente é a substância básica, mas matéria é o nome dado à mente quando toma forma. A mente aparece de várias formas: a carne é uma delas; o sangue, os ossos, o cabelo, etc., são outras; mas todas são mente tornada visível, aparecendo daquele modo específico. Em uma forma é carne, em outra é osso, cartilagem, sangue, cabelo ou pele; mas a substância ou essência é sempre a mente.

A mente atua como pensamento; aparece como coisa; e, nesse nível, ela é a essência da criação, como descrito no segundo e no terceiro capítulos do Gênesis. Assim, se a matéria é mente, um processo mental pode mudar o produto, isto é, a matéria.

A mente — a sua ou a minha — imbuída da verdade espiritual torna-se um instrumento por meio do qual Deus se manifesta e usa nosso corpo para aparecer no mundo externo. Por isso, nunca vivemos em um mundo material, rodeados por matéria, porque Deus, Ele mesmo — a Verdade na sua e na minha consciência — é a única substância e essência do nosso mundo.

Quando Deus, ou Alma, se torna nossa atividade mental e aparece como forma, toda forma é espiritual e pode ser multiplicada. Quando saímos do nível da mente e do pensamento e entramos no Silêncio, onde está o Eu, Deus se torna a atividade e a substância, aparecendo então como matéria ou forma. Por exemplo, em cada milagre relatado nos quatro Evangelhos, foi a consciência de Jesus, o Cristo, que apareceu externamente como saúde e harmonia e como uma infinidade de pães e peixes. Pães e peixes não são matéria; saúde e riqueza não são matéria: foram formados da consciência. Uma vez que a mente esteja permeada da verdade, a verdade é a substância e a essência de toda forma manifestada, mas a forma pode ser multiplicada, apenas por não ser matéria.

Houve um tempo em que existia apenas um bilhão de pessoas no mundo. Agora há quatro bilhões,* mas não há maior quantidade de Deus na Terra. Aqui está o mesmo Deus, a mesma vida, mas a mente *multiplicou a forma, não a dividiu*. Trata-se do mesmo princípio que atuou quando Jesus fez o milagre dos pães e dos peixes. O que Ele fez foi

---

* Na época em que o autor escreveu a presente obra. (N.E.)

multiplicar as formas visíveis para satisfazer a necessidade daquele momento particular.

Só há Espírito e suas formações espirituais; mas a mente, como instrumento do Espírito, forma e governa a si mesma como forma chamada matéria ou forma física. É de fato mente, pois a matéria pode ser reduzida ao mental e, finalmente, de volta ao espiritual; mas a mente *se apresenta* como formas finitas, e é ela mesma que gera essa forma, transformando e suprindo este corpo. A mente formará para nós tudo o que nos pareça necessário — e, todavia, sem nada acrescer à criação.

Quando a mente trabalha em seu próprio nível, aparece como bem ou mal ou ambos; ao passo que a mente, dirigida pela Alma, ou Deus, aparece somente como um universo harmonioso. Isso não significa que, se tivermos apenas bons pensamentos, nosso universo espiritual perfeito aparecerá; significa que quando nos elevamos acima da mente e do pensamento, para dentro do reino do Silêncio, da Alma ou de Deus, ela se manifesta como nossa identidade, nosso ser, corpo e universo espirituais.

Quando permitimos que nossa mente seja preenchida pela ignorância, superstição e egoísmo, ela produz sua própria imagem e semelhança, aparecendo como os pecados e as doenças do mundo; mas quando é purificada, de modo que se torne um instrumento da pura Alma, então produz a imagem e semelhança da Alma, que é perfeição espiritual, "conforme revelado no Sermão da Montanha".[2]

As criações de Deus são incorpóreas, espirituais e infinitas, não físicas, materiais ou finitas. Deus é Espírito e por isso Seu universo e Seu corpo são espirituais. Contudo, como as criações de Deus se apresentam aos nossos sentidos humanos, elas parecem ser físicas, materiais e limitadas. A razão dessa anomalia é que nossa mente, no seu estado não iluminado, interpreta apenas aquilo de que podemos tomar ciência por meio dos nossos sentidos. Não podemos contemplar aquilo que é: contemplamos a interpretação da nossa mente.

Por exemplo, se houver um jarro de rosas amarelas na sala, você e quase todos os que estiverem presentes poderão vê-las como amarelas, mas um daltônico as verá de alguma outra cor; ou, enquanto tais rosas lhe parecem maravilhosas, poderão desencadear um ataque de asma em outra pessoa. Está claro que não é aquilo de que estamos cientes que é importante, mas *como a mente interpreta aquilo de que estamos cientes.*

Há artistas cuja interpretação das rosas pode nos deslumbrar por serem capazes de perceber nelas um substrato de verdade espiritual, enquanto vemos apenas a sua forma e cor finitas. Alguns poderão visitar uma galeria de arte, olhar para as obras e considerá-las borrões de tinta, enquanto outros olharão as mesmas telas e experimentarão uma sensação de êxtase, porque, dada sua compreensão desenvolvida da arte, seu conhecimento de linhas e cores, apreciarão e verão o que o artista viu quando expressou sua ideia na tela. Se tivermos cultivado alguma apreciação no campo das artes, poderemos ficar diante de uma tela totalmente cientes daquilo que foi ali colocado; mas, se nossa mente não tiver conhecimento de arte, não veremos nada além de manchas de tinta.

Quando nossa mente está livre de julgamentos, podemos olhar para este mundo e nos regozijar com o céu, o ar, a terra, o mar, o sol, a lua e as estrelas; mas, se a mente estiver cheia de conceitos materiais, nos perguntaremos, como fez um amigo meu anos atrás: "Não entendo por que as pessoas viajam. Há apenas dois tipos de terra: se sobe, a chamam montanha; se desce, a chamam vale. Ou, se for úmida, a chamam água. O que pode alguém ver em uma viagem? Qual é a diferença entre um lugar e outro?"

Raramente vemos o que, de fato, está diante de nós. Tudo o que observamos no mundo, o vemos através dos olhos da nossa experiência — a atitude de nossos pais diante da vida, nossas raízes raciais e religiosas, a herança nacional, o ambiente, a educação e as experiências acumuladas após deixar a escola.

Tais conceitos são formados por influência pré-natal, pelos primeiros anos de vida, pela educação e pelas experiências pessoais, que fazem de você e de mim o que somos. E, assim, se o nosso mundo é um mundo de pessoas amargas, desagradáveis e ríspidas, é porque esses quatro fatores condicionaram e influenciaram nossa interpretação daquilo que encontramos. Por outro lado, se encontrarmos um mundo de pessoas solidárias, compreensivas e amorosas, será provavelmente devido ao nosso padrão particular de referências.

Exatamente onde estamos está o reino de Deus. Tudo que está no céu está na terra; mas, se consideramos a terra um inferno ou um paraíso, isso depende de como a vemos, se através de uma visão espiritual ou material. A interpretação mental da experiência determina se é ela paraíso ou inferno.

Olhamos para as criações de Deus por meio do instrumento da mente, e as formas que vemos assumem a cor e a natureza com que a mente as interpreta. Quando uma pessoa nos diz "tenho um corpo doente", "tenho uma mente doente" ou "estou com a carteira vazia", está contemplando a criação por um sentido limitado, material, finito; mas, se pudermos ignorar o que a pessoa está vendo, sentindo e experimentando, e descobrir que nossa mente é apenas o intérprete, se pudermos ficar suficientemente silenciosos, de modo a podermos registrar o quadro verdadeiro, então, no Silêncio, poderemos ouvir: "Tu és meu filho, meu filho bem-amado em quem me comprazo",[3] ou "Este é de fato o reino de Deus", ou "Tudo o que Eu tenho é teu".[4] Em outras palavras, nos virá a certeza de que tal cena, como foi interpretada pelo sentido mortal, está incorreta; e, no Silêncio, aquilo que é real nos é revelado.

Uma pessoa se debatendo com um problema está julgando pelas aparências, e sua mente está interpretando seu mundo à luz do condicionamento pré-natal, do meio ambiente, da educação e das experiências anteriores. Ao contrário, se a mente interpreta a cena por intermédio da pura atividade da Alma, todo julgamento é posto de lado, enquanto do Silêncio nos vem: "Pai, não tenho julgamento. Espero o Teu juízo". E, em tal humildade, a visão espiritual é que ilumina a cena.

No plano humano, a mente é criativa. Ela pode criar o bem e o mal — e o faz. *No plano espiritual, contudo, a mente não é uma faculdade criativa, mas uma larga via de percepção.* Se, por exemplo, tivermos uma tela em branco diante de nós e, em vez de quebrarmos a cabeça buscando algo com que a preencher, aprendermos a ficar quietos e esperar, tomando a atitude interior: "Aí está a tela, Pai, pinte o quadro", encontraremos ideias a fluir livremente, e dentro de nossa consciência surgirão as diretrizes do que nossa mente e nossas mãos executariam.

Em tal estado de receptividade, as invenções, as descobertas e os projetos ou qualquer ideia que seja necessária serão desenvolvidos, assim como receberemos a habilidade para executar tais ideias. Assim ocorre porque a sede real da inteligência — a Alma ou Espírito e a Inteligência divina — atua por meio do seu instrumento, que é a mente. Todo o segredo está em fazer a transição de uma mente que pensa, projeta e planeja para uma mente que repousa em um estado de consciência do qual possam fluir as ideias divinas.

Contudo, desde a experiência ilusória conhecida como a Queda, a mente tem sido usada como uma faculdade criativa que está na raiz dos nossos problemas e sofrimentos de hoje. Assim, quando somos chamados a ajudar nossos familiares, amigos, os demais, ou a nós mesmos, em vez de tentar mudar as pessoas ou as condições, e mesmo de condenar a nós mesmos ou os outros, deveríamos perceber que isso é só mais uma maneira de a mente se apresentar. A ação de curar reside na nossa descoberta de *que a mente não é um poder: a mente é um caminho da consciência.*

Podemos observar o quão milagrosamente isso funciona sempre que formos induzidos a cometer qualquer tipo de erro — seja ele qual for —, se não o combatermos, mas silenciosamente percebermos:

Deus é o grande e único princípio criativo da vida, a fonte de todo Ser. Apenas Deus! "Tu não terás outro Deus além de Mim"[5] *— nenhum outro poder, nenhum outro criador, mas só Um. Só Deus É, e o que me aborrece não pode vir de Deus, e sim da mente. É a mente me apresentando um quadro de algum tipo de carência.*

Aqueles que vivem no Espírito têm vislumbres da criação real ou espiritual e são capazes de discernir o homem real, feito à imagem e semelhança de Deus, e de ver que nada jamais interfere na harmonia do desenvolvimento e revelação do homem espiritual.

Contudo, no nível humano, nossa mente governa nosso corpo e todos os aspectos da criação, e os governa para o bem e para o mal. Um dia nos traz saúde e, no outro, a doença; um dia traz a riqueza e, no outro, a carência, pois a mente, uma vez que é da terra, é constituída das duas qualidades — bem e mal — e por isso se manifesta e se exprime como esses extremos. Até que nos elevemos acima da mente, não poderemos estar acima dos pares de opostos.

Quando transcendemos a mente e tocamos o reino do Espírito, vivemos em um estado de consciência diferente. Não mais lançamos mão de afirmações ou negações, remédios físicos ou mentais: agora fazemos contato com o cerne espiritual, onde encontramos a paz, e então achamos ter transcendido a atividade mental do bem e do mal e que vivemos na aparência uma vida que o mundo considera "normal", mas que é, na verdade, uma vida espiritual, que, de maneira geral, é intocada pela atividade da mente sem iluminação.

Corretamente entendida, a mente é um instrumento de Deus, criado por Deus. Portanto, a mente em si é um efeito, assim como seu produto é um efeito. Não é uma causa; é um efeito. Apenas Deus, Alma, Espírito, são causa, enquanto o corpo e a mente são efeitos.

Se permanecermos com a verdade espiritual em nossa consciência, nenhum dos males deste mundo se aproximará de nossa morada, porque a verdade mantida na consciência passa a viver nossa vida. Vivendo em uma atmosfera de discernimento espiritual e preenchendo a consciência com a verdade, momento virá em que ela assumirá a direção da nossa mente e não nos será mais necessário preenchê-la com a verdade. A partir daí, será o contrário: Não mais seremos nós a pensar na verdade, lembrando, afirmando ou meditando sobre ela; será a própria Verdade a usar nossa mente para se expressar, sempre fluindo através de nós.

VI
A MENTE INCONDICIONADA

O segredo básico da mente é que há apenas uma e ela é a do ser individual, a sua e a minha mente. As implicações dessa afirmação profunda nunca foram totalmente compreendidas. O mundo, em sua quase totalidade, não sabe disso, embora tenha sido do conhecimento dos metafísicos e de outras escolas. Na prática, entretanto, uma entidade isolada e separada da mente única, chamada mortal ou humana, foi sempre apresentada e aceita como um poder.

Em verdade, existe apenas uma mente, e essa mente é *incondicionada*; não tem qualidades como bem e mal, mas o que existe é um estado de ser, nem bom nem mau. Na realidade, não pode haver uma mente inteligente e uma ignorante, nem pode uma mente incondicionada ser saudável ou doente. Além disso, a mente formando a si mesma como corpo é incondicionada; e assim o corpo não é bom ou doente, alto ou baixo, magro ou gordo. O corpo é tão incondicionado quanto a mente, essência da sua forma. Mente e corpo, sendo incondicionados, são um estado de ser e perfeição absoluta, desde que a crença no bem e no mal não seja aceita no pensamento.

A experiência humana é, na *realidade*, a mente perfeita, a sua e a minha a se manifestar como corpo e ser perfeitos; mas o que ocorre é que é humanamente influenciada pelo conhecimento do bem e do mal. E essa crença em dois poderes é a essência do que é chamado de mente carnal. Para voltar à casa do Pai e ser mais uma vez filho de Deus, é necessário que cada um de nós individualmente — pois ninguém pode fazê-lo por nós — abandone a crença no bem e no mal como uma atividade de nossa consciência.

A mente forma suas próprias condições de matéria, corpo e forma. A mente não *cria*; a mente *forma*. A criação — espiritual, eterna e perfeita — já é completa, mas a nossa mente, dependendo dos condicionamentos, forma e interpreta nossa experiência humana neste plano. Se nossa mente for completamente livre dos julgamentos sobre bem e mal, o Espírito formará sua própria imagem e semelhança por meio de uma mente feliz, harmoniosa e de um viver bem-sucedido. Se a mente for condicionada por julgamentos de bem e de mal, não será clara, transparente, e, na medida do seu condicionamento, proporcionará experiências de bem e de mal para nossa vida.

A mente, quando livre de teorias, superstições, crenças e falsos conceitos, governa a forma material de maneira harmoniosa e eternamente. Se não tivéssemos falsos conceitos sobre o que quer que seja neste mundo, isto é, se não julgássemos as coisas como boas ou más, logo descobriríamos que nossa mente traria para nós todas as formas, maravilhosas em sua complexidade, beleza e abundância. Apenas porque permitimos que o julgamento de bem e mal, doente ou sadio, prevaleça, a mente apresenta tais formas para nossa aceitação.

Quando a mente recebe a luz da sabedoria espiritual, a aparência se aproxima da sua forma pura. Assim que a Alma governa Sua forma e a atividade espiritual, também a mente, quando livre do hipnotismo, ou seja, da crença no bem e no mal, recebe a plena luz da Alma.

A mente, imbuída da verdade espiritual, é a lei da renovação, regeneração, restauração e ressurreição. Nossas mentes, imbuídas da Verdade, são a mente dos que vêm até nós e daqueles que são aceitos pela nossa consciência. Nossas mentes, impregnadas da Verdade, são a mente do ser individual.

Quem quer que tenha sido instrumento de cura espiritual sabe que isso é verdade, e que sua mente individual, quando imbuída da Verdade, torna-se a lei da renovação, regeneração ou reforma, se expressando como cura física, mental, moral ou financeira dos que dela se aproximam.

Quando uma pessoa atribulada nos traz seus problemas, e somos capazes de ver tal pessoa ou condição como não sendo boa ou má, doente ou sadia, rica ou pobre, isto é, sem julgamento, não mais temos uma mente carnal, mas estamos na plena posse da mente que estava em Jesus Cristo — uma mente incondicionada que reconhece apenas um poder — que dissipa as ilusões dos sentidos. Não temos de nos livrar, superar ou destruir a mente carnal; apenas compreender que ela é um instrumento perfeito da Alma ao preenchermos nossa mente com a graça e a verdade espirituais.

Quando nos deparamos com um problema em qualquer nível, devemos lembrar em primeiro lugar que a substância do universo visível é a mente incondicionada, o instrumento do Ser puro e imortal, da Essência, Substância e Realidade, e que suas formações são também incondicionadas, por serem a própria mente aparecendo como forma infinita.

A mente sem condicionamentos, não tendo as qualidades de bem ou mal, é a substância de tudo o que é visível, e tudo o que há é tão incondicionado quanto a mente que é sua base. Se isso não fosse verdade, seria impossível para o nosso estado de consciência produzir mudanças no chamado universo material. Aqueles que testemunharam ou vivenciaram de fato a cura metafísica e espiritual sabem que o praticante pode estar em qualquer lugar, extremamente distante do paciente e, apesar disso, ser o instrumento pelo qual se reduz a febre, se desfaz um tumor ou se restaura um pulmão comprometido. Isso ocorre porque, quando o praticante atinge a quietude suficiente da mente para tornar-se pura transparência para Deus, as condições daquele corpo mudam.

Nossa consciência dessa verdade é a lei da harmonia e, assim, ao curarmos a febre de alguém, percebendo que a mente, *a mente incondicionada*, é a substância de toda forma visível, e que a crença universal em dois poderes, bem e mal, não funciona por ser um "braço de carne",[1] ou seja, nada, e que então a febre desapareceu, saberemos que nossa consciência de apenas um poder, do *não--poder*, produziu a cura devido à lei da harmonia. Observaremos que nossa mente, funcionando como um instrumento de Deus, produziu um efeito sobre o que chamamos corpo ou matéria, e compreenderemos que a substância da mente e da matéria são uma e a mesma. Essa é a razão pela qual a mente pode afetar a matéria e, além disso, a razão pela qual a verdade na consciência pode afetar a matéria.

A mente por si mesma é incondicionada, mas a raça humana aceitou a crença do bem e do mal e produziu efeitos bons e maus ao acolhê-los na sua mente.

A mente — incondicionada, eterna e infinita — é a substância do ser, do corpo, dos negócios, da política, do governo, da indústria, das finanças, da arte e da literatura. Essa mente e suas formações não são nem boas nem más: são o ser eterno e incondicionado, e aquilo a que nós assistimos é uma condição ou circunstância errônea, não da mente ou de suas formações, mas da crença universal no bem e no mal, que é o chamado diabo ou mente carnal.

Na realidade não existe, de fato, o que chamamos de mente carnal, porque só há uma mente e é incondicionada. Não é mortal, não é humana, não pode ser nomeada, descrita ou analisada. O que nós chamamos de mente carnal é meramente a *crença* em dois poderes e, quando reconhecemos isso, podemos parar de combater o erro ou tentar superá-lo ou removê-lo. Não tentemos nos proteger da mente carnal ou mortal. A natureza de qualquer trabalho de proteção deverá ser a descoberta de que não há dois poderes, e por isso só resta nos protegermos dessa crença.

Quando começar a perceber que a mente é incondicionada, seus pensamentos nunca se voltarão para o tema do bem e do mal. Apenas viverá cada circunstância da vida como ela se apresenta. Isso não significa retirar-se do mundo: significa estar no mundo, mas não ser do mundo, vivendo cada experiência sem a ela se apegar, se ela nos parecer boa, e sem tentar fugir dela, se nos parecer ruim. É uma vida de desapego às coisas. Permanecemos apegados quando tentamos reter ou nos afastar de alguém ou de uma condição.

Quando você pensar na mente como sua ou minha, separada e afastada da mente una e incondicionada, estará errado. Mas, quando começar a entender que só há uma mente, nunca fará algo que não esteja de acordo com a lei de Deus. Nunca será a sua ou a minha vontade: será a vontade de Deus.

Ao abandonarmos a vontade pessoal, essa mente incondicionada pode operar em nós e por meio de nós. O tanto que condicionarmos nossa mente com crenças no bem e no mal é o quanto traremos de bem e de mal, na proporção de nossa fé ou crença. O homem se torna totalmente convencido quando se convence no coração. É tudo uma questão de condicionamento, tanto para o bem quanto para o mal. Quando, porém, deixar o reino dos condicionamentos, estará no reino daquela mente que estava também em Cristo Jesus.

Em todas as curas que Jesus realizou durante seu ministério, foi a vontade do Pai que se realizou por intermédio Dele, e Ele sabia que não era Sua mente, e sim a do Pai: a mente incondicionada. Desse modo, pôde Ele dizer ao cego: "Abre teus olhos"[2] e ao aleijado: "O que te impede?".[3] Em outras palavras, não havia condicionamento em Sua consciência. Havia só uma mente incondicionada, que não era nem saudável nem doentia, nem rica nem pobre.

Isso é verdade, mas só será verdadeiro para você se aplicar a todas as aparências com que se deparar — na rua, em casa, na escola, na fábrica ou no mercado —, tendo sempre em vista a verdade de que a mente incondicionada se manifesta como efeitos incondicionados.

A sabedoria espiritual deve se tornar tangível. Deve frutificar em nossa experiência terrena, o que não é possível se não nos tornarmos conscientes disso. Todas as invenções novas, as ciências e as artes do futuro já existem na mente, mas apenas poderão chegar à expressão na medida em que o indivíduo lhes abrir sua consciência. Isso também acontece com a verdade esotérica, que permanece como algo oculto até que tome forma na consciência e produza um efeito no mundo externo.

Ao conhecer a verdade, ela o libertará de todas as condições da mente carnal, ou seja, de todas as situações ou circunstâncias condicionadas pelo bem ou pelo mal. Toda parcela de verdade conhecida o ajudará a se livrar de alguma fase de bem ou de mal, até que você atinja a plenitude da luz espiritual, quando então o Espírito se expressará pelos instrumentos da mente incondicionada, como seu corpo, seu ser, negócios, casa e relacionamentos.

Mas, antes que isso possa acontecer, é necessária uma preparação, durante a qual permaneceremos na Palavra e deixaremos a Palavra permanecer em nós, de modo que, conscientemente, nela habitaremos. Contudo, após a experiência da iluminação, a vida é vivida sem esforço, sem preocupação.

A vida é incondicionada: não há algo como uma nova vida ou uma vida velha, nem há vida doente ou saudável. Não tente condicionar a vida! Não tente fazê-la boa ou má! Não tente tê-la melhor ou pior, mais curta ou mais longa, pois isso não existe. Se não aceitarmos a crença do bem e do mal, nossa vida será incondicionada, pura, espiritual.

A tentação, a crença no bem e no mal, está diante de nós como esteve diante de Adão e de Eva; só que agora compreendemos que a vida e a mente são incondicionadas e respondemos a ela, como fez Jesus: '"Retira-te de diante de mim, Satanás.'[4] Não aceito condicionamento em minha vida. Minha mente, minha vida, alma e corpo são incondicionados, sem grilhões, livres, e não conhecem nem bem nem mal, mas apenas o Ser divino, o puro Espírito, a pura Alma, a pura Vida".

VII
UMA ROSA É UMA ROSA É UMA ROSA

Ninguém pode se libertar da crença em dois poderes e voltar ao Éden enquanto não abandonar os julgamentos humanos e olhar para o mundo com uma mente incondicionada. A prática de não ver nem o bem nem o mal pode começar agora mesmo, ao nos depararmos com algum objeto ou pessoa. Contudo, na maioria dos casos, é mais simples começar a prática com objetos ou pessoas com os quais não estejamos envolvidos emocionalmente.

A prática pode começar com um buquê de flores que você ganhou. Se não tiver nenhuma ideia preconcebida sobre ele, não saberá se vai lhe trazer alegria com sua beleza ou desencadear uma alergia. Contemple-o, olhe para ele e, se vir que tem poder, quer benigno, quer maligno, você refletirá por muito tempo até chegar a uma conclusão.

Mude o enfoque e reconheça que tais flores, por si mesmas, não têm qualquer poder, não são nem boas nem más. Nesse momento, você até pode admitir que não são más, mas ficará intrigado por saber por que não são boas. A resposta é que não são boas no sentido de que o bem esteja incorporado nelas, mas sim na consciência do indivíduo que mandou as flores, uma vez que esse bem é amor. Amor é bom, invisível e espiritual, a substância que enviou tais flores para você, talvez de grande distância. O amor é o invisível expresso pelas flores visíveis.

Se considerar que essas flores são boas, e então, após três ou quatro dias, já murchas, forem jogadas fora, você terá perdido o seu bem. E, visto que o seu valor, além do prazer momentâneo, reside na lembrança do seu doador — do amor que as enviou, da devoção, da amizade e gratidão —, não faz realmente diferença alguma o que acontecer com elas. Quando as flores tiverem morrido, há tempo jogadas fora e esquecidas, ainda assim o bem, o amor e o apreço que elas expressaram permanecerão, criando no plano invisível um elo eterno e imortal entre o doador e o receptor.

Por essa razão, nunca devemos ficar tristes pela perda de qualquer coisa a que tenhamos dado valor, independentemente do quanto possa ter custado. O valor do objeto está no invisível e naquilo que representa na sua experiência pessoal. O bem verdadeiro é sempre invisível — nunca pode ser visto, ouvido, tocado, saboreado ou cheirado; ou seja, é intangível para os sentidos humanos.

As flores à sua frente são apenas flores — bonitas sim, agradáveis ao olhar, coloridas e fragrantes também; mas quem disse que o são? Quem disse que são coloridas e cheirosas? Pergunte a si mesmo: "Elas são bonitas?". Espere até perceber que "não havia registro de cor até que essas vibrações tocassem meus olhos, que minha mente as interpretasse e eu concluísse que as flores são amarelas; não há cor, beleza ou fragrância até que minha mente decodifique tais vibrações como beleza, cor e perfume".

Ao ponderar assim, perceberá que mesmo a forma das flores não é bonita por si mesma, mas por causa da sua interpretação. E, ao contemplá-las, já convencido de que não são nem bonitas nem feias, de repente, no vazio que se criou, virá a percepção *daquilo* que está olhando, e perceberá que é muito mais que um vaso de flores e concluirá: "Rosas, vocês não são nada: usando minha mente incondicionada como instrumento, *Eu** as criei à minha imagem e semelhança; *Eu* lhes dei a cor e a forma, a beleza e o perfume. Note, contudo, que este *Eu* não é o sentido pessoal de 'eu', que nunca poderia fazer tais coisas, mas o *Eu* que é Deus, aquela parte de mim que é a minha verdadeira identidade, e que é o *Eu* que criou as rosas à Sua imagem e semelhança, e, dessa forma, as flores não são nem boas nem más — são perfeitas. Por si só, elas não são nada, mas, em virtude da graça de Deus, são perfeitas".

Aos poucos ser-lhe-á revelado que tais flores são a verdadeira forma do próprio Deus, colocadas ali no seu quarto com alguma finalidade milagrosa, não só para serem admiradas por um dia, mas como parte da totalidade, plenitude e completude de Deus em Sua beleza e essência.

Tudo neste mundo tem significado espiritual, mas você nunca descobrirá qual é consultando dicionários ou enciclopédias. Só chegará a ter consciência da função e do significado espiritual de qualquer coisa quando se voltar para dentro do vazio criado por esta reflexão: "Isto não é o que parece ser, e eu, por mim mesmo, não posso interpretar essas aparências. Só Deus pode interpretar corretamente. E agora, Pai, o que é isto?". E

---

* Sempre que "*Eu*" aparecer em itálico, refere-se a Deus. (N.A.)

aí virá a revelação e o desdobramento da verdadeira identidade e significado espiritual.

Se você for alguém assolado pela privação, é possível que se encontre em tal estado de confusão que sua mente esteja bloqueada pelo medo de que não haja suficiência e que, às vezes, ache muito difícil aquietar a mente o bastante para uma meditação tranquila. Mas é possível meditar mesmo com esses pensamentos perturbadores predominando em sua consciência; sua mente assentará em tal paz e tranquilidade que Deus será capaz de lhe falar sobre seu sustento.

Pegue um dinheiro qualquer, seja moeda, seja papel, e ponha-o na sua frente. Olhe para ele. Se puder ver o mesmo que eu vejo, concordará que se trata de algo tão morto quanto um prego — inanimado, sem vida.

Se continuar a olhar para o dinheiro e continuar com suas cogitações, seu pensamento fatalmente se voltará para a origem desse dinheiro e sobre como veio parar em suas mãos. Talvez alguém o tenha dado a você como uma expressão de gratidão ou de amor; ou, se o tiver ganhado, representa o pagamento que recebeu por algum serviço. Então, poderá pensar nos possíveis usos dele. Como peça de metal ou de papel, não tem valor algum para você; mas pode ser usado como meio de troca, para vender ou comprar, de um jeito ou de outro. Você começa agora a perder a visão desse objeto como dinheiro, e a adquirir a visão de sua função como algo útil, amável e generoso. Tão logo a sua mente tenha ido para além do dinheiro em si, começará a perceber por que esse dinheiro pertence a você.

Uma vez que seja capaz de olhar para o dinheiro por esse ângulo, verá que, longe de ser seu provimento, é você que lhe fornece capacidade e poder. Nesse momento, a sua mente se desloca do reino visível para o invisível, a paz o invade, você se aquieta e experimenta uma completa tranquilidade, na qual pode receber uma revelação de Deus sobre a verdadeira interpretação do dinheiro.

Seguindo esse procedimento com relação a qualquer coisa que considere muito importante ou a que esteja excessivamente apegado, será levado à interpretação correta dela e de sua função na sua experiência pessoal. Por exemplo, ao passo que a aquisição de dinheiro é geralmente considerada algo desejável e a dependência do álcool é considerada um mal, o problema do alcoolismo pode ser encarado como um problema de suprimento. Quando alguém começa a descobrir que o álcool tem um poder que não é nem bom nem ruim, perde todo o gosto por ele. E isso é também verdadeiro para a gula e para o tabagismo. De fato, muitas pessoas gostariam de concordar que tais coisas não têm poder maligno, mas ao mesmo tempo acham que elas têm o poder de nos trazer prazer ou satisfação. Enquanto alguém lhes conferir algum poder, tanto para o bem como para o mal, será mantido em suas garras.

Muitos alcoólatras têm sido curados pela compreensão de que não há poder maligno no álcool, mas tenho tido sucesso maior em lidar com esse problema específico pelo conhecimento de que tampouco há poder benigno. Há vários anos, um caso muito interessante foi-me trazido por uma mulher que dizia, às lágrimas e horrorizada, que o marido havia chegado ao ponto de se recusar a trabalhar, que ela tinha de sustentá-lo e que ele ficava na cama todos os dias a não ser no dia em que ela recebia o pagamento, quando então saía para comprar o suprimento semanal de uísque, usando para isso o seu suado dinheiro. A situação se tornara insuportável, mas ela se interessara por uma cura espiritual e queria saber o que eu poderia fazer a respeito, espiritualmente. Foi pura inspiração que me levou a dizer:

"Sabe de uma coisa? Estou achando que seu marido não é alcoólatra — você é que é alcoólatra."

"Não sei o que você quer dizer", ela respondeu.

"Bem, você parece estar mais amedrontada com o álcool do que o seu marido."

Ela me olhou com ar de quem não estava entendendo nada e disse:

"Bem, talvez eu esteja. Vejo diariamente o que isso faz. Meu marido não acha isso terrível, ele gosta."

"Aí está uma diferença de opiniões. Você acredita de fato que o álcool seja ruim, não é?"

"Certamente que sim."

"E, no entanto, toda a base do nosso trabalho consiste exatamente no fato de não haver nem bem nem mal. E agora, o que vamos fazer? Posso expor tudo isso para você do seguinte modo: suponha que seu marido queira usar o seu dinheiro para comprar refrigerante; você teria objeções?"

"Não, eu iria para o trabalho contente e ele poderia ter todo o refrigerante que quisesse."

"Logo, o refrigerante é bom e o álcool é ruim. Novamente uma aparência, e nós estamos de volta a Adão e Eva. Agora vejamos quem está enganado nisso tudo, seu marido ou você. Seu marido acha que o álcool é bom e você acha que é ruim; você está diante de um impasse, suponho, e vai passar um tempo sem poder ver o que eu vejo, que é que, de fato, o refrigerante não é bom nem o uísque é mau, ou seja, não há neles qualquer poder, já que todo o poder está em Deus. Esta é a minha visão — Deus é o todo-poderoso e infinito, e além de Deus não há poder de bem ou de mal."

"Aonde isso me leva? Que devo eu fazer?"

"Suponha que concordemos que, na próxima semana, o seu marido tenha todo o uísque que quiser, uma vez que sabemos agora não haver no uísque o poder do bem nem do mal, e assim não teremos de nos preocupar com o que ele fará com o uísque. Vá logo para casa e diga-lhe que você cometeu um sério erro, e que não acha o uísque tão terrível, apesar de tudo, e que a partir de agora ele poderá tê-lo o quanto quiser."

Isso pareceu ter ido longe demais. Ela ficou chocada e assim saiu, e sentou-se na outra sala por um tempo; por fim decidiu que, já que nada havia funcionado até então, ela tentaria isso como experiência. Quando entrou novamente no meu escritório disse:

"Bem, do jeito que a coisa está, não vou chegar a lugar nenhum; não posso fazer com que fique pior do que está, então vou experimentar; mas é uma coisa muito difícil o que está me pedindo."

"Tente e verá."

Ela voltou para casa, esperou o momento oportuno e, quando o marido quis a mencionada bebida, disse: "Ah, sim, aqui está".

Ele a olhou surpreso, mas não fez nenhum comentário, até uns poucos dias depois, quando foi se queixar com ela:

"Sabe, não vale a pena beber esta coisa. Estão fazendo de novo o uísque do tempo da guerra, sem vigor, sem efeito — não tem poder para nada." E foi assim que ele se libertou para sempre. Ele não queria mais beber, pois não mais lhe proporcionava a satisfação de antes.

Pelo que posso observar, acredito que a maioria dos alcoólatras sofra desse mal não tanto por achar que a sua indulgência seja um mal, mas porque pensa que disso derive algum bem, isto é, algum prazer. Com a descoberta de que o álcool não é bom, desaparece o gosto por ele.

Observe isso com cuidado. Não cometa o erro metafísico de declarar que o álcool não é um poder, embora acreditando que o bem o seja. Reconheça prontamente que não há poder fora de Deus. Não cometa o erro de temer ou venerar qualquer criatura, quer em forma física, quer em pensamento. Não a tema nem a glorifique. Glorifique o Criador de todas as formas e, quando o fizer, não haverá poder do bem nem do mal, apenas o poder de Deus. E, por um breve instante, estará de volta ao Éden, onde não há nenhum problema, onde não há nenhuma força ou poder agindo sobre você, positiva ou negativamente — onde há apenas uma atmosfera de paz.

Você poderá jogar fora todas as preocupações e nunca mais ter uma noite insone, se conseguir terminar este livro com a convicção de que não há nenhuma coisa boa ou má *em si mesma*. Nesse estado de consciência, não haverá nada para preocupá-lo, mantê-lo acordado ou alegrá-lo. É verdade que vivendo desse modo perderá algumas das emoções e excitações da vida humana. Isso não significa, porém, que não se deva continuar a admirar as flores ou a música e tudo o que há de belo no mundo. A única diferença é que você não se tornará excessivamente exaltado com isso.

Será mais que recompensado por essa perda de excitação e preocupações que experimentará, porque terá percebido que não há qualidades boas ou más em pessoas ou coisas; e, se você não lhes atribuir tais qualidades, não existirão. Qualquer que seja a aparência, será apenas algum tipo de forma, nada a não ser um vazio à sua frente, até que você decida que tal coisa é bonita ou feia, que tal pessoa é boa ou má ou que o seu cachorro lhe é fiel e o do vizinho é uma peste.

Pelo fato de nossas mentes terem se imbuído da ignorância típica das crenças humanas, preenchidas de superstição, de condicionamentos educacionais e ambientais, conhecimentos psicológicos e médicos, não vemos as pessoas e as coisas como elas são, mas como elas parecem ser, julgamos pelas aparências e sofremos, desse modo, as consequências de tais julgamentos.

O meio de livrar nossa mente da ignorância, da superstição e do medo é voltar para o Éden, onde não há o conhecimento do bem e do mal, onde não nos preocupamos em estarmos "nus" ou vestidos, ou seja, em sermos pobres ou ricos, termos virtudes ou falhas humanas ou sermos felizes ou infelizes.

Comecemos exatamente de onde estamos agora e deixemos nosso desenvolvimento espiritual iniciar com a compreensão de que, se Deus é o princípio deste universo, ele é perfeito. Uma estrela é uma estrela; uma rosa é uma rosa; um cão é um cão; uma lua é uma lua. Não nos permitamos chamá-los de bons ou de maus: chamemo-los pelos seus nomes — estrela, rosa, cão, lua — e descobriremos que Deus nos revelará a natureza deles e o lugar e a função correta que devem ocupar e desempenhar em nossas vidas.

Tudo o que há no universo emana de Deus, mas o homem se desdobrou em muitas invenções. Distorceu a realidade espiritual da criação de Deus para fins destrutivos, e até a glória do átomo tornou-se o horror da bomba atômica. O homem fez isso, não Deus — Deus nos deu os princípios que nos capacitaram a voar pelo ar, mas o homem utilizou-os como instrumentos de devastação, e, na medida de sua distorção mental de ideias como o bem e o mal, as bênçãos das ideias vindas de Deus tornam-se a desgraça de milhões de pessoas. Contudo, quando não há traços de bem ou intenções de mal em nossa mente, essa mente não condicionada torna-se um instrumento por meio do qual vertem esses princípios em toda a sua pureza, harmonia e perfeição.

Conforme mantemos nossa mente livre de julgamentos, ela funciona sem preconceitos e, assim, quando os princípios da Vida se expressam, fazem-no como o fizeram por meio de Einstein, como pura lei. De modo semelhante, quando o

Espírito permeia a mente dos praticantes bem-intencionados, que se sentam em silêncio, sem julgamentos — sem tentar se livrar de uma doença, ou superar o pecado, destruir o medo, mas apenas permanecendo no vazio da Graça de Deus —, a verdade surge em sua pureza e o paciente diz "Sinto-me melhor" ou "Fui curado".

O que a humanidade cria e perpetua são os pares de opostos — a crença de que as flores são boas e a erva daninha é má, que o pintarroxo é bom e os insetos na roseira são maus. Se, contudo, não nos iludirmos sobre a aparência, seja ela boa, seja ela má — um velho clichê metafísico —, não julgando mal, mas reconhecendo que tudo o que existe é pura Alma se expressando infinitamente, quem sabe até os insetos da roseira achem seu legítimo lugar, onde não desempenhem qualquer função destrutiva. Mesmo as chamadas pessoas más começam a servir a bons propósitos — ou o fazem ou são depostas das posições que lhes permitiam cumprir seus propósitos.

Aproxima-se um tempo em que o mal não mais achará como se manifestar em pessoas, pensamentos ou coisas. Será removido da terra, pois esta acreditará tanto no princípio de um só poder, que o mal não terá por onde se expressar. Assim que despontar, será podado por esse poder invisível que permeia a consciência.

VIII
DAQUI POR DIANTE NÃO MAIS RECONHECEREMOS O HOMEM SEGUNDO A CARNE

A pergunta pode surgir: "Como posso parar de pensar e acreditar no bem e no mal?". Vou lhe dar um exemplo que poderá ajudar a esclarecer esse ponto. Olhe para a sua mão e pergunte: "É uma mão boa ou ruim?". E, se você se relembrar das vivências adquiridas até hoje, terá de admitir que sua mão não é nem boa nem má: é apenas uma mão, um pedaço de carne com estrutura de ossos. Não tem o poder de agir *por si só*: não pode afagar e não pode esmurrar; não pode dar e não pode reter. Mas *você* pode movê-la; pode usá-la como instrumento para dar ou reter. *Você* pode fazer tais coisas, mas a *mão* não.

A mão é só um instrumento para o seu uso. Pode ser usada para vários propósitos: pode dar com benevolência e generosidade ou roubar desavergonhadamente, mas não pode fazer por si mesma coisa alguma. Há alguma coisa que a move. Uma vez que é você que a governa, pode empregá-la para fazer tanto o bem como o mal, e não apenas a mão, mas o corpo todo, ora para o bem, ora para o mal.

Contudo, quando você transcende a mente e os pensamentos, a mente e o corpo são controlados pelo *Eu* que é Deus, e isso produz uma mente, um corpo e uma vivência diária nem boa nem má, mas espiritual. Novamente o segredo está em adquirir uma mente não condicionada, pela qual a Alma funcione como vida e experiência.

No exato momento em que aceita que essa mão por si só não pode fazer nada, que é governada pelo Eu, ela se torna um instrumento de Deus, trazendo consigo apenas o poder da bênção, porque não mais governamos a mão pelo nosso humano ser: agora *Eu* Sou, e *Eu* é Deus.

Não mais considere apenas a mão, mas seu corpo todo dentro de sua mente, e perceba esta verdade: você não tem um corpo bom ou ruim, jovem ou velho. O seu corpo é apenas carne e osso. De si mesmo não tem inteligência; nada sabe sobre saúde ou doença nem sobre o tempo e o calendário. Infelizmente, o "eu" humano sabe e, por causa disso, o corpo muda. O corpo nada sabe sobre as estações do ano, se é inverno ou verão, tempo bom ou ruim; quem sabe somos nós e, por causa disso, o corpo reflete qualquer coisa que aceitamos em nossa mente.

É a mente que se torna o caminho pelo qual o corpo capta as crenças do mundo. Portanto, é ela que determina se o corpo é bom ou mau, jovem ou velho, sadio ou doente. Quando já não temos corpo bom ou mau, jovem ou velho, o *Eu*, que é a presença e o poder de Deus, assume e começa a manifestar Suas condições no corpo.

Quando começamos a descobrir que o nosso corpo é o templo do Deus vivo, o colocamos à Sua disposição para que o use como quiser, tornando-se um instrumento para Ele, o *Eu* no centro do nosso ser. Mas cabe a nós dar o primeiro passo e isso é feito pelo conhecimento de não haver bem ou mal no corpo, que, como tal, não tem qualidades em si mesmo: apenas expressa aquilo que lhe é imposto.

Essa inversão ou mudança de atitude com relação ao corpo e às condições que lhe são impostas começa quando nos conscientizamos do seguinte:

Não há bem ou mal no meu corpo; não há nele velhice ou juventude, vigor ou fraqueza. É apenas um instrumento do Eu, o Deus em mim, que é o Princípio criador e mantenedor do meu ser.

Pense por alguns instantes nos problemas vitais que o perturbam — os seus, de seus filhos ou de seus netos. Assim que tiver pensado neles, pergunte a si mesmo: "Tais condições são boas ou más? Quem disse isso? Quem decretou que são boas ou más?". E pergunte-se então: "Teria Deus criado o mal?". Você sabe que a resposta é negativa.

Se Deus criou a eternidade e a imortalidade, se não há Nele "mancha ou mentira",[1] certamente não criou o mal. Mas, se Deus não criou o mal, quem o criou? Alguém ou você mesmo teria concebido a *crença* no bem ou no mal? De onde ela veio? Você pode não saber as respostas para tais perguntas agora, mas, se trabalhar com o princípio que é o tema deste livro, a resposta para isso, assim como para muitas outras perguntas, lhe será revelada. Neste momento, contudo, por que não aceitar a premissa de que não há, na realidade, nem bem nem mal?

Quando for capaz de compreender que toda condição humana, de qualquer nome ou natureza, existe apenas como uma crença dentro da mente, crença esta que resultou na expulsão do homem do Jardim do Éden, e quando no mais profundo do seu coração ficar convencido de que, por ser Deus infinito, não há Nele pares de opostos, poderá afirmar com o Mestre: "Eu venci o mundo".[2] E estará de volta ao Reino dos Céus, onde ninguém sabe o que é saúde por não saber o que é doença; desconhece dor e, portanto, não sabe o que é dor; desconhece riqueza ou pobreza. Quando não se sabe o que é uma coisa, como se pode conhecer seu oposto? Não há nada com que comparar: há apenas Deus, o Ser espiritual, a perfeição.

Quando abordamos um trabalho de cura, não devemos ter na mente a ideia de um mal a ser removido ou superado; contudo, por restar muito de humano na maioria de nós, reconhecemos que o que está à nossa frente é a aparência do mal em forma de pecado, doença, morte, perda ou limitações, e, enquanto nos defrontamos com essas aparências, não podemos ser radicais e, como uma ostra, ignorá-las repetindo sempre: "Deus é tudo, não há erros". Isso é bobagem e inútil. Não devemos fazer isso; devemos deixar que Deus nos diga. Quando ouvirmos a pequena Voz silenciosa ou quando nos sentirmos tocados, saberemos com certeza que qualquer aparência de pecado, doença, morte, perda ou limitação desaparecerá. Mas não pense que, humanamente, você possa ser sábio a ponto de realizar tudo isso.

Por conhecer as palavras e poder dizer silenciosa ou oralmente "Não há nem bem nem mal", não pense que tal repetição vá fazer milagres na sua vida, pois não fará. Você tem de vivenciar essa verdade até que possa demonstrá-la; tem de prová-la mais e mais dentro de si. E, mais ainda, não esqueça que, se for tentado a dizer isso para quem quer que seja antes que se torne tão evidente a ponto de o mundo enxergar isso em você sem necessidade de palavras, perderá o que recebeu e, o que é pior, poderá perder até a possibilidade de demonstrá-lo nesta encarnação, porque ninguém pode desperdiçar a palavra de Deus, nem dela se gabar, com ela brincar ou retê-la.

Você apenas pode provar esse princípio na medida em que o abraçar fortemente dentro de si — mantenha-o sagrado e secreto — mas use-o. Use-o a qualquer hora, com qualquer parcela de erro com que se deparar, seja nos jornais, seja no rádio, na sua família, na rua. Em qualquer momento e lugar em que se defrontar com o erro, volte-se para dentro e pergunte-se: "Poderá isso me fazer acreditar no bem e no mal? Poderá fazer-me aceitar dois poderes?". Se puder abster-se de aceitar ou julgar pelas aparências, não será tentado a curar nada, mas ficará dentro de si e fará o julgamento correto, por estar no Jardim do Éden, que representa seu domínio espiritual, seu estado de harmonia divina.

O reto julgar sabe que "No princípio era Deus. Deus criou tudo o que foi feito; e Deus olhou para aquilo que tinha feito e achou muito bom".[3] Será você capaz de ser fiel a essa verdade? Se as aparências ruins se apresentam, consegue superar a tentação de ser por elas enganado? Será capaz de declarar e saber interiormente: "Eu aceito somente Deus como a verdadeira substância de toda a Vida. Não posso ser induzido a aceitar o bem e o mal, pois há só Espírito; há apenas uma vida"?

A cura espiritual não pode acontecer no plano humano. Só acontece quando se tiver parado de pensar nas pessoas, nas doenças, nas condições, nas crenças e nas pretensões e tiver voltado para o Éden, onde só há Deus, o Espírito, a totalidade e a completude. Ninguém pode ser um curador espiritual trabalhando a partir dos efeitos ou orando, na tentativa de corrigir algo do mundo de Adão, pois, se conseguisse, somente teria substituído um sonho desagradável por um agradável. Se conseguisse melhorar o quadro humano, teria só uma boa materialidade em vez de uma materialidade ruim. Isso não o aproximaria do reino de Deus.

Certa vez eu estava com uma pessoa que, em todos os sentidos, estava muito próxima da morte, e senti o mesmo desconforto que qualquer um sentiria em tal circunstância, porque tinha percebido que não havia nada que pudesse fazer para evitar seu falecimento. Eu não tinha dons ou palavras milagrosas que pudessem impedir o que parecia inevitável; teria de vir algo das profundezas ou haveria um funeral. Tudo o que pude fazer foi me voltar para dentro, para a pequena Voz silenciosa, e esperar, esperar e, por vezes, pedir e implorar.

Finalmente escutei estas palavras: "Este é o meu filho bem-amado, no qual me comprazo!".[4] Foi difícil de acreditar, pois a doença estava em sua fase terminal; era uma pessoa morrendo e, apesar das aparências, a Voz disse: "Este é o meu filho bem-amado, no qual me comprazo". Após ouvir tais palavras, não demorou muito para elas se demonstrarem em forma de saúde e harmonia totalmente restabelecidas.

Em outra ocasião, fui chamado para junto de meu próprio pai, que estava em uma tenda de oxigênio e, de acordo com os médicos, estava em seu leito de morte. Fiquei ali sem palavras sábias ou discernimento que pudessem transformar aquela aparência em saúde. E ali fiquei eu, como ficaria qualquer um diante do próprio pai em tal situação — mas com uma diferença: eu sabia que, se Deus fizesse ouvir Sua voz, a terra se derreteria. Ao observar meu pai respirar pelo aparelho, me vieram as palavras: "Nem só do ar vive o homem".[5] Em menos de cinco minutos ele fez sinal para que a enfermeira retirasse o aparelho, e dois dias depois recebeu alta.

Quem decretou que essa condição era ruim? Não foi Deus; Ele só disse "Nem só do ar vive o homem", o que dissipou a crença de que o homem vive da respiração e provando que vive pela palavra de Deus.

Só há dificuldade enquanto a crença em dois poderes for mantida. Estará, porém, livre tão logo começar a olhar para qualquer condição tendo em mente o seguinte: "Quem te disse que estás nu? Quem te disse que és mau? Quem te disse que isso é pecado? Quem te disse que isso é doença? Quem te disse que isso é perigoso? De onde veio? Teria Deus dito isso para alguém?".

Você não conhecerá nem saúde nem doença, pobreza ou riqueza, mas apenas um contínuo transbordamento de harmonia espiritual — o Jardim do Éden, no exato momento em que perceber que sua função como curador espiritual não é curar doenças ou acreditar que Deus assim o faça, ou que haja fórmulas ou afirmações que possam removê-las, mas que sua função é saber que toda criação mortal é construída sobre a crença no bem e no mal.

Não é possível ser um curador espiritual enquanto acreditar que haja dois poderes — o poder de Deus e o poder do pecado, da doença, ou então que há poder na astrologia ou nas dietas. Não é possível ser um curador espiritual até que se saiba que não é preciso *qualquer* poder. Deus mantém Seu universo espiritual eternamente, e não há nada de errado. Nós é que estamos errados ao alimentarmos a crença universal em dois poderes.

No segundo capítulo do Gênesis, Deus não é chamado de Criador, mas de Senhor Deus; e Senhor, é dito, é sinônimo de lei. Em outras palavras, o homem do segundo capítulo vive sob a lei, ao contrário daquele do primeiro, criado à imagem e semelhança de Deus, vivendo sob a Graça.

Como podemos nos tornar esse homem que vive sob a Graça senão abandonando a crença em dois poderes? Então a Graça permeará todo o nosso ser, nos apoiará, manterá, sustentará e irá à nossa frente aplainando nossos caminhos. A Graça é tudo à nossa volta e, todavia, não temos dela mais consciência do que um peixe tem da água, vive na água, mas nada sabe a esse respeito. O pássaro não conhece nada a respeito do ar; voa através dele instintivamente. Nas palavras de Francis Thompson:

> Voa o peixe para achar o oceano,
> Mergulha a águia para achar o ar?
> Perguntamos às estrelas em movimento,
> Se lá elas ouviram falar de ti?[6]

E é assim que, quando estamos em estado de saúde espiritual, não só desconhecemos a doença, mas também desconhecemos a saúde — conhecemos apenas estarmos em harmonia, nos sentindo normais e livres. Como pode um homem saudável descrever a saúde? Não é possível, pois ele não sabe o que é isso. Ele só sabe que tem saúde e isso é bom.

Algum dia, em algum lugar e de algum modo, aceitamos a crença que não faz parte de nós, a crença de que há dois poderes — o poder de Deus, que pode fazer algo por nós e não está fazendo, e o poder do mal, que é muito mais ativo. O poder de Deus está agora mesmo fazendo tudo o que pode e opera no estado Edênico de consciência para toda a criação espiritual, mas não pode operar em um mundo de dois poderes.

Essa é a razão pela qual, por mais éticos, bons e benevolentes que nós ou nossos vizinhos possamos ser, estamos sujeitos ao pecado, morte, acidentes e guerras. Porém, mais e mais surge a pergunta: "Como podem existir tais coisas se há um Deus?". E a resposta é surpreendente: há um Deus, sim, *mas não no cenário humano*; não há Deus no segundo capítulo do Gênesis, mas, sim, um Senhor Deus que é a lei de causa e efeito — a lei cármica. Quando nos sobrepomos a essa lei, não estamos mais sob ela, mas sob a Graça. Em outras palavras, estamos vivendo como no primeiro capítulo do Gênesis, onde não existem tais coisas como o bem e o mal humanos, não há pecado e não há pureza: só há Deus.

Se surgir algum problema, quer nosso, quer de alguém da família, de um amigo, paciente ou discípulo, ou se alguém buscar em nós a harmonia por achar grande a nossa compreensão, deveremos praticar esse princípio de ausência de bem e de mal em nossa meditação:

Pai, aqui estou, esperando me comunicar com Você, mas com qual finalidade? Transformar o mal em bem? Se é isso o que é necessário aqui, Você não o teria feito antes que eu lhe pedisse? Todavia, parece que não está fazendo nada a respeito; portanto, talvez não seja essa a necessidade.

"Onde está o Espírito do Senhor, aí há liberdade"[7] *— onde está o Espírito do Senhor, não há mal. Então, o que será do mal? Ninguém jamais descobriu para onde vai a escuridão quando entra a luz, porém, quando o sol se levanta, aí está a luz, e na sua presença não há escuridão. Na presença de Deus não há pecado, não há falsos apetites ou doenças, falta ou desemprego, insegurança ou perigo, pois todas essas coisas desaparecem na Sua presença.*

Onde Deus está não há mal: encontro Deus — Deus como minha fortaleza, como minha saúde física, como meu sustento, como meu todo em tudo.

O que quer que isso seja em si mesmo, não é nem bem nem mal, pois não há bem ou mal presentes em toda parte; há somente Deus preenchendo o espaço todo. Portanto, não há nada para se modificar e nada para melhorar. Deus formou este universo de Si mesmo; consequentemente, Ele é o bem, não as condições ou as coisas e, mesmo quando as aparências são boas ou más, não as aceito.

Deus constitui meu corpo, Seu próprio templo. Deus é minha moradia; Deus é meu bem-estar; Deus é o lugar secreto do Altíssimo onde vivo, me movo e tenho o meu ser.

Para curar é necessário transcender o pensamento. Embora a meditação comece com a contemplação da verdade, deve elevar-se ao mais alto reino da consciência silenciosa antes de se cumprir a cura. No começo de uma meditação de cura, uma passagem da verdade como "Doravante não reconheceremos o homem pela carne"[8] pode surgir no pensamento. Após essa passagem ecoar diversas vezes, ou após tê-la repetido conscientemente, o pensamento desacelera conforme perdemos o significado da frase; doravante não reconheceremos o homem pela boa ou pela má carne, como doente ou sadio, rico ou pobre; mas reconhecemos só Deus, sob a aparência de indivíduo humano espiritual.

Este é o segredo do Caminho Infinito e este é o segredo da cura: "Doravante não reconheceremos o homem pela carne" — nem mesmo pela carne saudável. Não reconhecemos o homem pela sua riqueza, pequena ou grande — reconheceremos apenas Deus como Pai e Deus como Filho, o Cristo, à imagem e semelhança espiritual de Deus. Assim O reconheceremos como a substância, a vida, a Alma, a saúde, a riqueza e o lugar de morada do homem. Doravante reconheceremos só Deus e não o homem.

Agora percebemos que o homem não é carne, mas consciência, tendo só características espirituais. Discernimos que há um Princípio criativo que cria Sua própria imagem e semelhança que é também o Princípio de sustentação da vida. E assim Sua criação deve, necessariamente, ser de Sua própria essência — Vida, Amor, Espírito, Alma. Tal é a verdadeira natureza do homem.

"Doravante não reconheceremos o homem pela carne." E então, como o reconheceremos? Como o filho de Deus, sua verdadeira identidade. À medida que nos reconhecemos e a todos os demais como descendentes espirituais, não mais olhamos para o corpo, mas diretamente para os olhos, até poder ver o Cristo por trás deles, além do homem mortal, além do jovem ou velho, doente ou sadio. O homem visível quer doente, quer sadio, não é o homem-Cristo; é o Ser espiritual, não está sujeito às leis da carne, nem mesmo da carne saudável, mas apenas ao Cristo.

Assim que nos aprofundamos em tais pensamentos ou contemplações, nos aquietamos em uma pacífica receptividade, na qual nenhum pensamento se intromete. Nesse estado de consciência, o Cristo curador se manifesta, inundando a consciência de paz e tranquilidade. É uma "paz", um "aquietar-se" espirituais dos quais emanam a Graça curativa que nos envolve e aos nossos pacientes, tornando a harmonia aparente e tangível na experiência.

Em nossa meditação podemos começar tendo em mente uma pessoa doente, ou pecadora, ou pobre, mas não podemos nos levantar até que, por intermédio da percepção, atinjamos o lugar onde não há homem doente ou sadio, rico ou pobre, puro ou pecador; não há pessoa doente para ser curada ou pessoa saudável com quem nos alegramos: *há somente Deus — só Deus na aparência de Pai e*

Deus na aparência de Filho. Então nossa oração estará completa e com ela virá a convicção: "Assim é".

À medida que conhecemos a verdade — pensando, falando, declarando-a —, estamos no reino mental. De fato, podemos estar pensando nas coisas do espírito, mas enquanto pensamos com a mente, é provável que não ocorra nenhuma cura. Se houver em alguns casos, será pela argumentação mental e não uma cura espiritual, mas sim mental, pelo efeito da sugestão, um frutificar daquela prática que nos diz "você está bem" ou "você é perfeito" ou "a vontade de Deus opera em você"; e a mente aceita a sugestão e a ela responde, o que não é uma cura espiritual, pois o paciente apenas aceita a sugestão de outra mente.

No Caminho Infinito não fazemos sugestões; nunca usamos a palavra "você" em um tratamento; nem usamos o nome do paciente, nem mencionamos o nome da doença, da queixa ou da condição em tratamento, tampouco pensamos no paciente depois de ter pedido ajuda. Apesar de estarmos no nível mental quando contemplamos, não focamos o paciente e, sim, Deus e as coisas de Deus que conhecemos ou as leis de Deus que compreendemos ou já lemos e tentamos agora perceber.

Não esperamos a cura para qualquer dessas coisas porque não podemos trazer à luz o filho de Deus do segundo capítulo do Gênesis, de onde só sai Adão, o homem de carne. O único modo pelo qual esse homem de carne pode ser devolvido ao Éden e à sua harmonia espiritual natural é não pensando a respeito dele, mas entrando naquele estado de silêncio que não reconhece nem o bem nem o mal.

Quando nossos desejos não são nem bons nem maus, nos tornamos puros o bastante para estar no Jardim do Éden, onde não há desejos. Não é um estado de desejar o bem, mas de puro contentamento com o ser.

IX
Este é um universo espiritual

Alguns anos atrás, quando de minha viagem à África do Sul, fiz uma parada de um dia no Congo Belga. Após o encarregado dos papéis e seu assistente examinarem e pesarem minha bagagem, pedi a um garotinho nativo que carregasse minhas três malas para o avião que ia para Johannesburgo. Era um aeroporto tão pequeno que pude ver o garotinho se dirigindo para o campo, com uma mala grande em cada mão e uma pequena debaixo do braço. Poucos minutos depois ele voltou sem a bagagem e eu perguntei: "OK?", ao que ele respondeu: "OK".

Quando, na manhã seguinte, cheguei a Johannesburgo, havia apenas a pequena maleta esperando por mim, e as outras duas malas grandes estavam extraviadas. Imediatamente o pessoal desse enorme e ativo aeroporto começou a procurar, mas não as encontraram nem no compartimento, nem junto à bagagem da tripulação; além disso, mandaram vasculhar o avião, onde tampouco foram encontradas. O encarregado da companhia aérea disse que faria imediatamente contato com a estação do Congo Belga e logo teria uma resposta, de modo que nada me restava fazer a não ser ir para o hotel.

Os estudantes do Caminho Infinito de Johannesburgo haviam programado uma visita ao Parque Nacional Krueger, e assim, depois de comprarmos algumas roupas necessárias, iniciamos nossa caminhada de três dias por essa fabulosa reserva de vida selvagem, na expectativa de que encontraríamos a bagagem na volta. Ao retornarmos, porém, nenhuma bagagem havia sido encontrada. A única explicação que a companhia aérea tinha a oferecer era que possivelmente o garotinho e seu comparsa deviam tê-la roubado, pois na última vez que as malas foram vistas estavam com eles. O absurdo daquela suposição era evidente, pois ninguém poderia ter levado aquelas duas grandes malas da pista sem ser notado. Apesar disso, todos os cantos da aldeia foram revistados e o lugar, virado de pernas para o ar, já que as autoridades estavam convencidas de que havia ocorrido um roubo. A despeito de toda essa confusão, contudo, nenhuma mala foi encontrada.

Durante três semanas fiquei na África do Sul sem bagagem e sem dinheiro — "sem carteira e sem papéis"[1] —, mas não foi um grande incômodo, pois comi regularmente, as contas do hotel foram pagas e roupas foram compradas, embora o mínimo indispensável, porque estava convencido de que minhas malas apareceriam, o que, aliás, provou ser uma convicção bastante equivocada.

Duas noites antes de viajar para a Índia, fiz sérias considerações sobre o incidente da bagagem. "Isso representa uma falha de minha parte. Mas qual seria a falha? O que deu errado?".

Sentado no meu quarto, pensando e meditando, finalmente veio a resposta: "Este é um universo espiritual e, todavia, aqui estou eu esperando pelas malas, quando a verdade é que não há nenhuma bagagem. Ela não passa de parte de uma crença no tempo e no espaço — espaço ocupado pela bagagem, tempo e espaço nos quais pode ter se perdido. Aqui estamos, tentando achar as malas que, se forem encontradas, serão apenas uma evidência de que a cena humana foi manipulada.

"Não há verdade nesse quadro todo, pois vivemos em um universo espiritual, onde ninguém precisa de malas. O que quer que haja de realidade é incorpóreo, espiritual e onipresente e, se aparecer como bagagem finita no tempo e no espaço, será uma imagem no pensamento e não há nela realidade alguma. Assim, perdi tempo na esperança e na expectativa de que uma bagagem material se manifestasse em um universo espiritual, onde toda ideia é onipresente."

Com isso, fui me deitar.

Após tal descoberta, a história chegou rapidamente à sua conclusão. O assistente do chefe da companhia aérea em Johannesburgo estava sentado à mesa, às oito horas da manhã seguinte, quando, de repente, veio-lhe o pensamento: "A bagagem não pode evaporar. Não pode ter desaparecido entre aqui e lá; deve estar em algum lugar, mas onde?". De repente, veio-lhe outra ideia e ele foi até o hotel onde a tripulação se hospedara durante a noite, e encontrou as duas malas no chão, onde estavam havia três semanas. Ninguém tinha pensado em tal possibilidade; de fato, ninguém pensou em uma solução prática até que eu parasse de pensar na bagagem.

Essa história ilustra um ponto muito importante na cura e no viver espirituais. Na metafísica, normalmente pensaríamos: "Oh, bem, vai aparecer" ou "Não pode estar perdida". Em outras palavras, estaríamos lidando com uma *coisa* — uma coisa chamada bagagem. A falácia desse método de encarar um problema torna-se visível imediatamente porque, para sermos coerentes em caso de doença, deveríamos fazer um tratamento que lidasse especificamente com coração, fígado, pulmões, estômago, intestino, cabeça ou pés, e estaríamos completamente fora do reino do ser espiritual. A maioria de nós sabe o suficiente para não tratar as pessoas pelo nome, nem os corações, fígados ou pulmões; porém veja quão facilmente caímos no engodo de procurar a bagagem.

Tornamo-nos mais autoconfiantes, acreditamos estar caminhando na direção certa e logo a seguir o hipnotismo dos sentidos humanos faz-nos lembrar da bagagem ou da sua ausência. Compreenda que eu não estava preocupado com a perda da bagagem: meu erro foi ter certeza de que ela apareceria, o que é exatamente o mesmo que estar seguro de que o coração de alguém ficará bom ou seu pé machucado ficará melhor. Por outro lado, o princípio sobre o qual se fundamenta todo o nosso trabalho é que a verdadeira criação é aquela recontada no primeiro capítulo do Gênesis, no qual Deus fez tudo o que fez, e tudo o que Ele fez é bom.

Prova de que a criação espiritual é incorpórea é que havia luz antes que houvesse o sol no firmamento. Se vivemos, nos movemos e temos o nosso ser na criação espiritual, como estabelecido no primeiro capítulo do Gênesis, podemos ter tudo aquilo de que precisamos sem ter bagagem. O mundo sensorial, aquele que podemos ver, ouvir, cheirar, tocar e saborear, é criação irreal, descrita no segundo capítulo — uma imagem criada pela mente. Se nos lembrarmos de que não devemos tentar manipular o cenário humano e a imagem mental, que existe apenas como uma sombra dentro do nosso pensamento, testemunharemos a rápida dissolução dessas imagens mentais.

Não confunda o que estou dizendo: sei que quando viajamos a bagagem parece real e necessária. Também sei que, na maior parte do tempo, o nosso *conceito* de corpo parece real, porque uma coisa ou outra o traz à nossa consciência e, consequentemente, temos a tentação de pensar que ele é real. Não negamos o corpo, ele é real, mas o que vemos como corpo não é o corpo: é uma imagem mental em nosso pensamento — um conceito mental universal, individualizado dentro de nós.

Não existe um corpo material; existe apenas um conceito material de corpo. Não há um universo material; o que há é um conceito material de um universo espiritual. Enquanto aceitarmos o conceito material de universo, estaremos sob as leis da matéria, mas nos libertaremos tão logo começarmos a compreender que vivemos, nos movemos e temos o nosso ser no primeiro capítulo do Gênesis, onde o homem é feito à imagem e semelhança de Deus — o Espírito — e que a Alma de Deus é a Alma do homem, a vida de Deus é a vida do homem, a mente de Deus é a mente do homem e o corpo de Deus é o corpo do homem.

"Não sabes que teu corpo é o templo do Espírito Santo?"[2] — não o corpo como aparece no espelho, mas como ele realmente é. Assim como a minha descoberta de que não estávamos lidando com bagagem material, mas com a Onipresença, imediatamente despertou o homem necessário para a demonstração — alguém que despertou para a ideia da Onipresença —, e bem onde ele estava a bagagem foi encontrada; portanto, em tempos de tribulação, entender o que são o corpo e o universo é chegar à percepção que trará a solução:

Eu vivo, me movo e tenho o meu ser em Deus; eu estou no meu Pai e o meu Pai está em mim. Como posso ser finito, um ser limitado, e ter Deus infinito dentro de mim? Como pode um ser finito e limitado ter um Deus infinito dentro de si? Portanto, eu devo ser tão espiritual quanto o Pai que me criou.

Todos os seres devem ser espirituais e, dentro desta criação espiritual, nada de finito pode entrar para limitar ou criar qualquer sentido de separação.

O sofrimento deste mundo deve-se à nossa busca pela bagagem material — mesmo esperando que esteja no lugar certo. Esse é o erro. Não há um lugar para você, para mim ou para qualquer "ele", "ela" ou "isso", a não ser o exato local onde se encontra, isto é, na Onipresença, onde mesmo aquilo que parece estar ausente aos sentidos humanos está presente.

Em um dia nublado, o sol parece estar ausente, quando está apenas escondido de nossa vista. Do mesmo modo, as nuvens da crença humana e a força do pensamento humano podem, temporariamente, esconder de nós aquilo que é onipresente, que está presente onde *Eu* sou. E o que é que está presente onde *Eu* sou? Tudo o que o Pai tem é onipresente — integridade, lealdade, fidelidade, eternidade, imortalidade, justiça, liberdade, contentamento, harmonia de toda natureza —, a menos que nos tornemos *finitos* tudo isso e vejamos apenas malas de viagem, algo que ocupa tempo e espaço.

Nada ocupa tempo e espaço a não ser nossas imagens mentais, e a razão disso é que aceitamos o ontem, o hoje e o amanhã. No momento em que nos elevamos do reino mental da vida, percebemos que não existe tempo. Qualquer pessoa que tenha feito contato com Deus descobriu que não havia consciência temporal durante tal experiência e, embora o contato possa ter sido muito breve, nesse curto espaço de tempo muito aconteceu para convencê-la de que o momento durou horas. Outras vezes, feito o contato, parece ter durado apenas um minuto, mas, ao olhar o relógio, percebe-se que se passaram duas ou três horas.

Em outras palavras, não há percepção de tempo e espaço na consciência da Onipresença. Estamos no estado mental de consciência quando pensamos, raciocinamos ou observamos coisas e pessoas. Só no reino espiritual é que transcendemos a mente.

Algumas pessoas buscam um modo de transcender a mente por meio de um processo descrito como o silenciar da mente; descobrem que tais esforços, frequentemente, não resultam em atingir a consciência espiritual, mas no efeito oposto, o embotamento da consciência. Há um modo, contudo, de nos elevarmos do nível mental da vida, que requer anos e anos de dedicação exclusiva, embora não sejamos capazes de ficar permanentemente nesse estado. Podemos, porém, nos elevar acima da mente a tal ponto que, pelo menos enquanto estivermos no mundo, ela não nos perturbará tanto.

Podemos começar não tentando parar nosso processo de pensamento. Se a mente quer pensar, deixe-a, e, se for o caso, sentemos e a observemos em seu processo de pensar. Sejam quais forem os pensamentos, não podem nos causar mal, pois não têm poder e não nos amedrontam. Se os temermos ou odiarmos, tentaremos fazer com que parem e, por outro lado, se os acolhermos, tentaremos retê-los. Não odiemos ou temamos qualquer pensamento que se apresente à nossa mente, nem nos permitamos amá-los ou retê-los, por mais que nos pareçam bons.

Observemos os pensamentos irem e virem. Tudo o que vemos são sombras que deslizam rapidamente sobre a tela — não há nelas poder, qualquer substância, lei ou causa — são apenas sombras. Algumas podem ser tão agradáveis a ponto de querermos retê-las. Outras poderão nos perturbar ou assustar, mas são apenas pensamentos, — pensamentos e nada mais. Podem evidenciar doença, pecado ou acidente, mas, por mais assustadores que sejam, permanecemos imóveis e os observamos irem e virem.

Não há bem nem mal naquilo que estou observando. Essas coisas são só figuras, sem poder. Não podem fazer nada, não testemunham coisa alguma e, mesmo que pareçam boas, não são, pois são apenas figuras.

Se fizermos essa experiência em períodos de meditação, logo perceberemos que temos sofrido por causa dessas imagens e pensamentos que nos invadem e assustam a ponto de tentarmos fugir ou apagá-los; todavia, quando conseguimos vê-los da perspectiva correta, são apenas sombras inofensivas.

De fato, às vezes representam teorias, regras e punições feitas pelo homem. Quem, porém, outorgou a ele autoridade? Vejamos: um dá testemunho de infecção e contágio e outro de falsos apetites; o próximo prevê desastre, o outro, o medo da carência, e um terceiro, o medo do medo. Mas a verdade é que aí só há nomes, nomes horríveis, certamente, pela sua conotação trágica, mas não passam de nomes — que Adão deu para algo que não compreendia —, apenas imagens no pensamento.

Deixemos de nos amedrontar com nomes. Mesmo que seja uma imagem na máquina de raios-X, por que deveríamos temê-la? Continua sendo só uma imagem, uma representação da imagem mental. Quando não mais a temos na mente, não é mais possível sua representação. Apenas podemos dar forma às figuras que temos na mente. Se conseguimos vê-las, ouvi-las, tocá-las, saboreá-las ou cheirá-las, trata-se de uma atividade da mente, uma imagem mental, o "braço da carne"[3] — uma nulidade. É uma falsa criação que Deus nunca fez.

Toda vez que pensarmos assim, estaremos ainda no reino mental, o reino do conhecimento da verdade; contudo, se continuarmos nosso exercício, observando honestamente a imagem, começaremos a perceber que se trata de algo sem substância ou causa. Indiferentemente de quão material pareça ser, não é mais material do que minha bagagem perdida, que também não era material: era uma imagem mental, cuja descoberta revelou a Onipresença.

Às vezes, ao seguirem tais práticas, as pessoas parecem vislumbrar imagens ou visões bonitas e cometem o primeiro engano ao tentar retê-las. O segundo engano é querer trazê-las de volta em algum momento futuro, uma verdadeira insensatez. Nunca se deve fazer isso, mesmo que seja uma imagem bonita, pois é só uma imagem. Se é de Deus, o próprio Deus pode nos dar muito mais do que precisamos e, se for uma imagem desagradável, devemos aprender a não temê-la, uma vez que não tem existência como realidade exteriorizada, mas apenas como imagem mental.

Chegaremos, fatalmente, ao ponto em que não há mais o que dizer ou pensar. E assim teremos uma última palavra:

Independentemente do que pareça ou afirme ser, não há em você atributos intrinsecamente bons ou maus. Todos estão na Consciência que fez este universo à Sua imagem e semelhança, e nem o bem nem o mal existem como forma ou efeito.

Qualquer que seja seu nome ou natureza, se você existe no tempo e no espaço, você é uma imagem mental, uma nulidade. Eu não tenho de temê-lo, pois não tem existência no meu ser nem no de ninguém. Só tem existência na mente e, portanto, não tem forma e é vazio. Não há em você mais quantidade de bem ou de mal do que num filme na tela — você é só uma sombra sem substância.

Ao atingirmos a completa quietude e paz, a mente já não está em ação; nós a transcendemos ao nos elevarmos à atmosfera do espírito, dentro da qual estamos receptivos e sintonizados com qualquer coisa que Deus conceda. Tão logo nos desapeguemos do pensamento ou objetos — do ódio, medo ou amor por pessoas ou objetos, de modo que possam flutuar diante de nossos olhos enquanto permanecemos completamente indiferentes, não mais estaremos no reino da mente. Alcançamos, tocamos e somos tocados por nossa própria Alma, que é Deus — estamos na atmosfera na qual, quando Deus fala, podemos ouvi-Lo. Quando Deus faz soar Sua voz, a terra se derrete e todos os problemas se dissolvem.

Parte III

Da lei para a graça

X
Ouvistes o que foi dito aos antigos

A qualquer momento de nossa experiência terrena — não importa que seja aos nove, aos dezenove ou aos noventa — podemos empreender o retorno à casa do Pai. Não acreditemos, porém, que seja possível retornar àquele estado Edênico continuando a ser a mesma pessoa que éramos ontem, com todas as nossas virtudes e falhas humanas, vacilando constantemente entre o bem e o mal. Tais virtudes e não garantiram nossa entrada no Éden mais do que nossas falhas. Temos de abandonar ambas e vestir o manto do Cristo, nos elevando além da criação mental do segundo capítulo do Gênesis, que nos acorrentou à lei do bem e do mal.

"A lei foi dada por Moisés, mas a Graça e a Verdade vieram por Jesus, o Cristo."[1] Por centenas de anos antes de Moisés, os hebreus viveram em estado de servidão, com pouca ou nenhuma oportunidade de progredir em educação, cultura, religião, artes ou ciências e, sob tais circunstâncias, não é de se admirar que vivessem com um senso moral pouco desenvolvido. Para esse povo, Moisés apresentou um modo de vida mais elevado, cuja espinha dorsal são os Dez Mandamentos. Se fossem observados, uma pessoa seria considerada um cidadão tão bom quanto possível e, mais ainda, se observasse as leis da dieta e alguns outros poucos costumes, mereceria o título de bom hebreu. Se a Lei fosse desobedecida, todo contraventor poderia esperar ser apedrejado ou excomungado. Pouca ou nenhuma ideia de amor estava incluída em tal ensinamento. Era estritamente sobre leis éticas e morais.

Um senso moral ou ético, tão grande quanto possa ser, contudo, é só um passo no caminho para a consciência espiritual. Se por um lado alguém viver na estrita observância dos Dez Mandamentos, mesmo assim poderá estar a anos-luz de distância da vida espiritual, pois a verdadeira vida espiritual é uma vida acima dos pares de opostos.

Quando Jesus veio, ensinou um novo modo de vida que não era originalmente sobre mudar o sentido da vida do negativo para o positivo, mas sobre elevar-se acima de *ambos*, o negativo e o positivo, para o plano espiritual. Não podemos esquecer que, como rabino hebreu, dentro da igreja hebraica organizada, Jesus estava autorizado a falar e pregar com base nela; nem podemos esquecer que aquilo que Ele pregava não era chamado de cristianismo: pois não havia cristianismo. Ele não pregava para cristãos, porque não existiam cristãos; era um rabino hebreu pregando para hebreus.

Mas aí ocorreu um milagre: esse homem, Jesus, recebeu uma iluminação que Lhe trouxe um ensinamento religioso completamente novo, algo que até então era desconhecido pelos hebreus. Com isso, Ele foi muito além da lei cármica do Velho Testamento ao ensinar sobre um poder único. Ao fazer tal revelação para homens e mulheres do Seu tempo, os libertou de todo ritual e dogma; tão livres os fez que a igreja não tolerou a Ele nem aos seus ensinamentos. O que sentiram foi ódio e medo por um dos seus, que pusera abaixo algumas das práticas mais tradicionais e mais queridas, como a exigência de se fazer peregrinações anuais a Jerusalém, com o propósito de pagar tributo e como observância dos rituais. O grande afastamento de Jesus dessas observâncias era uma crítica e uma condenação silenciosa daquilo em que confiavam havia tanto tempo.

Jesus evidenciou a verdade de que o bem-estar espiritual não tem relação alguma com a rígida observância de qualquer forma exterior, mas sim com o estado de consciência desenvolvido pelo indivíduo. Pregou uma nova dimensão de vida, uma consciência mais elevada que requeria a morte das velhas crenças. Explicou que vinho novo não pode ser colocado nos odres velhos, isto é, que esse novo enfoque não poderia simplesmente ser acrescido ao velho modo de vida hebraico, mas que este deveria ser trocado pelo novo, uma vez que eram contraditórios.

No Sermão da Montanha, Jesus resume as diferenças entre o judaísmo e o Seu novo ensinamento, que não era ainda conhecido como cristianismo, mas como ensinamentos de um rabino hebreu livre-pensador e radical. E qual era o ensinamento desse homem, que foi, sem dúvida, o mais iluminado e espiritualmente desenvolvido já conhecido, tão iluminado que o mundo de hoje gira praticamente em torno de Seus ensinamentos?

A palavra Graça revelará qual é. A Lei veio por Moisés, "mas a Graça e a Verdade vieram por Jesus Cristo". Graça e Verdade representam algo inteiramente diferente daquilo que a lei representa. E assim, por três séculos após o ministério de Jesus, havia pessoas andando pela Terra Santa, atravessando Roma e Grécia, ensinando e pregando não a lei como está assentada na fé judaica, mas algo novo, deslumbrante, diferente, chamado Graça e Verdade, que aos poucos ficou conhecido como ensinamento do cristianismo.

Os primeiros seguidores dos ensinamentos de Jesus eram chamados judeus-cristãos, por serem judeus seguidores do Cristo. De fato, naqueles tempos, apenas judeus podiam se tornar cristãos. Porém, finalmente, Paulo e Pedro perceberam que o ensinamento de Cristo era bem mais que apenas um tipo diferente de judaísmo. Era algo tão único, separado e distinto em si mesmo que aos poucos não era mais necessário ser hebreu para se tornar cristão: a circuncisão e outras práticas veneradas foram abandonadas. Os discípulos começaram a pregar para os gentios, avisando que o ensinamento de Cristo era universal pela sua própria natureza; chegou o dia em que até os pagãos de Roma e da Grécia, ou qualquer um, independentemente de sua origem, poderia, se quisesse, tornar-se cristão.

Durante séculos essa foi a condição do ensinamento cristão, e então ocorreu um dos eventos mais estranhos da história do mundo. Organizou-se uma igreja que adotava todos os ritos e rituais egípcios e de outros pagãos da época, que aceitava integral e literalmente o judaísmo conforme ensinado no Velho Testamento e que desprezava todos os ensinamentos cristãos, exceto o nome do seu mentor, e que passou a ser chamada Igreja cristã. E o que aconteceu com o ensinamento de Cristo quando ela foi assim organizada? Essa Igreja praticou o ensinamento de Jesus de "não resistais ao mal"[2] ou estaria ainda apegada ao velho ensinamento do "olho por olho, dente por dente"?[3]

A prática do verdadeiro cristianismo eleva o homem adâmico, que exige vingança sobre seu inimigo, do estado de consciência da lei cármica para a consciência da Graça e da Verdade, que revela um Deus de amor no lugar de um Deus de recompensas e punições.

O Deus que Jesus revelou era de natureza totalmente diferente da do Velho Testamento e, no trecho do Sermão da Montanha em que aborda a lei cármica, Jesus ensinou que o pecado em si é a própria punição, mas não faz nenhuma referência a um Deus que pune. Fica claramente explicado que, assim como fizermos aos outros, será feito conosco, não por Deus, mas de acordo com a lei cármica do "o que semeares, colherás",[4] sob a qual vive todo ser humano. Nossas ações de amor revertem em amor e nossas más ações retornam como maus efeitos, pela própria ação em si. Pelo nosso estado de consciência movimentamos ambos, o bem e o mal: "Com a medida que medires serás medido",[5] não por Deus, mas pela lei.

Quando odiamos ou amamos, estamos invocando a lei, bem como quando doamos, repartimos ou nos apegamos às coisas. De qualquer modo, a natureza é testemunha da veracidade dessa lei. Por exemplo, se um fruto não for colhido da árvore, ela terá dificuldade em frutificar de novo. Não culpamos Deus por isso, pois Ele não pune a árvore. É uma lei da natureza que a árvore deva dar frutos para poder frutificar novamente. Assim, sem doarmos, cedermos ou entregarmos os bens, nos tornaremos estéreis, pois a lei diz: "Aquilo que semeares, colherás".

Essa lei de semear e colher se aplica tanto aos indivíduos quanto às nações. Não há meio de evitar os efeitos punitivos das más ações — não que haja um Deus cuidando disso, mas porque essa é a lei cármica, colocada em ação pelo agir de cada um.

Tudo isso o Mestre revelou na parte do Sermão da Montanha em que diz: "Ouvistes o que foi dito...".[6] Mas nunca ensinou que Deus pune, nem mesmo ao ladrão na cruz, nem à adúltera nem ao cego de nascença. Ele sempre dizia: "Vá e não peques mais...".[7] Nós, e não Deus, somos responsáveis pelo mal que sofremos.

Quando o Cristianismo se tornou organizado, adotou o ensinamento de um Deus punitivo do Velho Testamento, talvez na vã esperança de amedrontar as pessoas para praticarem o bem; porém, o que de fato ocorre é que o mesmo ensinamento, longe de impedir que se faça o mal, é provavelmente responsável por muitos dos pecados cometidos hoje. Os que praticam o mal logo descobrem que não há um Deus que lhes faça qualquer coisa, e essa evidência os convence de que tampouco Deus punirá um dia a omissão ou conivência deles nos males que cometem.

Se ao homem fosse ensinado que o próprio mal é a punição em si, compreenderia a interpretação de Jesus sobre a lei cármica e estaria então preparado para aceitar o Seu mais alto ensinamento de como superar a lei. É possível superar a lei cármica, varrer todas as punições de nossos erros anteriores e viver sob a Graça, mas isso não pode acontecer até que a lei cármica seja aprendida e compreendida como o Mestre a explicou.

Os feitos carregam em si o seu próprio prêmio e o seu próprio castigo. Não é necessário que seja um ato manifesto, pois o ato em si é apenas a manifestação do pensamento que o gerou. Portanto, por exemplo, não é necessário roubar para atrair os efeitos da lei cármica: basta ter a intenção e, de fato, nem mesmo isso é necessário — a simples cobiça de algo que alguém possua é suficiente para acionar a lei cármica. Não é necessário atingir uma pessoa — ficar com raiva é o bastante para atrair a lei sobre nós.

As pessoas em estado mais grosseiro de consciência não notam a repercussão da lei cármica tão rapidamente quanto aquelas que estão no caminho espiritual, que sofrem mais por infrações menores do que as que sofrem por faltas maiores, pois têm maior percepção do que é certo e do que é errado, e o menor desvio do caminho já aciona a lei.

Para anular a lei cármica é necessário, em primeiro lugar, o reconhecimento de sua existência — que o mal que pensamos ou fazemos tem efeito sobre nós —, e tal descoberta nos impedirá de culpar alguém ou as circunstâncias por qualquer dilema que ocorra. Começamos a ver que somos os únicos responsáveis. Não há um misterioso Deus a apontar nossos erros; nós mesmos determinamos os resultados da vida ao compreendermos que provocamos o bem e o mal que nos acontecem. Isso nos leva a não mais culpar ou condenar a outrem, a descobrir que ocorreu alguma mudança em nós, e que o estado de consciência que nos levou a agir errônea, descuidada, impensada ou mesmo involuntariamente, deve ser mudado.

Rapidamente aprendemos o que Paulo descobriu — que há dois seres em nós. Cada um de nós é, de fato, uma pessoa dual: uma criatura que não está sob a lei de Deus e outra que é o Filho de Deus, habitado pelo Espírito do Pai: "O bem que eu quero, eu não faço, mas o mal que não quero, eu faço".[8] Parece haver dois de nós: um guerreando com o outro; um que sabe o que é certo e o outro lutando contra isso; um que quer ser um homem perfeito e o outro que, por um ou outro tipo de limitação, não consegue.

Quando percebemos que há um filho de Deus em nós, embora o filho pródigo esteja ainda lutando para sobreviver, começamos a compreender a guerra entre o Espírito e a carne. O filho pródigo, ou homem adâmico, que vaga pelo mundo desperdiçando sua substância e, finalmente, mergulha no abismo da degradação, simbolizado pelo ato de comer com os porcos, outro não é senão o filho e herdeiro que mais tarde veste a túnica de púrpura e o precioso anel. Não se trata de dois homens diferentes, mas do mesmo homem em dois estágios diferentes de consciência.

Tão logo começamos a aceitar o princípio de que não há nem bem nem mal nas pessoas, coisas ou condições, isto é, em qualquer efeito ou aparência, começa a aceitação interior que nos leva à vida da Graça, pois agora já não estamos em conflito ou oposição com qualquer pessoa ou coisa. Sempre há escolha de aceitar um caminho ou outro, e essa escolha é sempre nossa.

Nesse momento, a finalidade da vida torna-se atingir um despertar da consciência do nosso verdadeiro Eu ou, como é dito na literatura mística, a união consciente com Deus, na qual desaparece nosso pequeno eu e permanece intacto o puro Eu como nossa identidade definitiva e eterna.

Dentro de cada um de nós está o Reino de Deus e a capacidade de viver na Terra sem lutas, sem ódio ou inveja. Nós, porém, não podemos realizar isso como seres humanos, e é por isso que alguns dizem que esse modo de vida não é praticável — é bonito, de fato, mas nada prático.

A aplicação do "Eu vos digo..." do Sermão da Montanha é possível apenas quando a pessoa descobre que não vive disso ou daquilo que sejam humanos, mas "de cada palavra que procede da boca de Deus".[9] O Sermão da Montanha é um modo de vida impossível para nós, simples seres humanos, a menos que tenhamos despertado as faculdades divinas e que estejamos vivendo mais pela Alma do que pela mente e pelo corpo. Então, ao aceitarmos a tarefa de amar nosso próximo como a nós mesmos e a Deus acima de tudo, estaremos no caminho místico, na união consciente com Deus, admitindo em plena humildade que de nós mesmos nada podemos fazer, nem mesmo ser bons, pois só um é bom, o Pai, e que nada mais é bom ou mau — estaremos no caminho místico, o caminho da comunhão consciente com Deus.

No Sermão da Montanha, a mais sublime mensagem oferecida ao mundo, são apresentados dois modos de vida diametralmente opostos: o caminho do "Ouvistes o que foi dito aos antigos..." — que o mundo está percorrendo agora — e o caminho do "Eu, porém, vos digo..." — a nova revelação de um viver pela Graça divina.

O "Eu vos digo"[10] é a certeza de que Deus é o Princípio criador, de manutenção e sustento. Esse é o modo de vida místico no qual não somos atores, agentes ou figuras principais, mas em que há a Presença e o Poder transcendentes que o Mestre chamou de Pai interior.

Vivemos sob a lei e na experiência do "Ouvistes o que foi dito aos antigos..." ou do filho pródigo enquanto estivermos sob a influência da criação mental do segundo capítulo do Gênesis. Quando voltamos ao nosso estado original de puro ser, não mais vivemos sob a lei cármica, mas sob a Graça, o "Eu, porém, vos digo...." do Sermão da Montanha.

XI
Eu vos digo

Eu vos digo que, a menos que vossa virtude seja maior que a dos escribas e dos fariseus, de modo algum entrareis no reino dos Céus.

Mateus 5: 20

No Sermão da Montanha, o Mestre fez uma clara distinção entre o ensinamento do Antigo Testamento, o caminho do "Ouvistes o que foi dito aos antigos..." e o novo ensinamento do *Meu reino* que não é deste mundo — algo diferente de ser apenas uma pessoa humanamente boa vivendo de acordo com o padrão de dois poderes. Houve total abandono dos velhos ensinamentos hebraicos e estabeleceu-se um padrão completamente novo, que não reconheceu o bem e o mal.

Podemos ter uma noção de quanto estamos perto do *Meu reino* observando nosso grau de reação diante do bem e do mal. Quanta alegria há em nossa reação diante do bem, quanto nos incomodamos com o mal? Em que medida estamos nos tornando indiferentes ao bem e ao mal humanos?

Há um reino espiritual, e habitá-lo nos tornaria completamente indiferentes mesmo às coisas boas da vida. É só no começo da nossa jornada pelo caminho espiritual que pensamos que o objetivo é melhorar nossa experiência humana; que dobrando nossos rendimentos teremos uma boa demonstração, ou que ter coração, fígado e pulmões funcionando normalmente — ou até perfeitamente, de acordo com os padrões humanos — representa uma demonstração espiritual que indica progresso nesse caminho.

A verdadeira demonstração que deveríamos buscar não é simplesmente um aumento monetário ou uma melhoria de saúde, por mais que sejam desejáveis, mas um renascimento, um ingresso no estado de consciência que é *Meu reino não é deste mundo*.

Se quisermos apenas ser felizes, saudáveis e prósperos do ponto de vista humano, continuaremos a ser cristãos nominalmente, pois seguir à risca os ensinamentos do Cristo cobra um altíssimo preço, um modo de vida restrito e disciplinado. De fato, há contentamentos interiores indescritíveis e uma paz interior além da imaginação, mas por um bom tempo haverá uma luta agitada da Alma com o pequeno demônio chamado *ego* — uma luta contra o sentido pessoal do "eu", "mim" e "meu".

Somos em grande parte responsáveis pelo estado em que se encontra atualmente nossa vida, não tanto no sentido de termos cometido erros consciente ou inconscientemente, ou transgressões e ofensas voluntárias, e sim por causa de nossa ignorância da vida e de seus princípios, o que nos tornou presa fácil das crenças do mundo. Tivéssemos sido corretamente orientados desde a infância e adquirido conhecimento da lei espiritual, teríamos aprendido a evitar muitas das discórdias em nossa experiência. Certamente o montante de problemas que temos se deve à nossa ignorância da vida, e mesmo um pouco de nossa boa sorte pode ter vindo do que consideramos circunstâncias aleatórias.

Desde nossos primeiros passos, a conveniência de ser uma pessoa empreendedora, de forte personalidade, dinâmica, que sabe o que quer, luta por isso e é bem-sucedida nos marca. Contudo, essas características podem ser responsáveis por diversos problemas, uma vez que, por meio desses traços gananciosos, teremos certamente violado a lei espiritual. Não só o pão que lançamos às águas volta a nós, mas, frequentemente, dependendo de nossa esperteza e falta de escrúpulos, damos um jeito de nos apossar de algo que pertence ao outro e, fazendo isso, a violação da lei espiritual cai sobre nós. Do mesmo modo, sempre que passamos alguém para trás mental ou fisicamente, ou lesamos uma pessoa por aquilo que seria de direito dela, na mesma intensidade também violamos essa lei.

Mesmo aquilo pelo que lutamos legal e legitimamente será, por vezes, a única coisa a nos destruir, porque, visto que somos infinitos e, de acordo com os ensinamentos do Mestre, temos tudo o que o Pai tem, qualquer tentativa de acrescentar algo a essa infinitude é, por si só, uma violação à lei de Deus. Para estarmos espiritualmente sintonizados e vivermos de acordo com Suas leis, temos de começar a perceber que tudo o que o Pai tem está incorporado em nós — o pão da vida e o vinho da inspiração — o Reino inteiro está estabelecido dentro de nós. Então, em vez de começar a vida com a ideia de ganhar, conseguir ou alcançar, teríamos de reverter isso, e ter uma atitude de servir, doar, conceder, repartir e cooperar. Estaríamos vivendo fora do nosso egoísmo, na confiança e certeza de que nosso contentamento está em repartir e cooperar.

Em tal estado de consciência, nosso bem no plano humano seria o reflexo de nossa solidariedade.

No momento em que acreditarmos que há algo ou alguém a ser conquistado — nome, fama ou fortuna —, estaremos violando o princípio espiritual da vida, que é doação. Como filhos de Deus, Espírito de Deus feito carne, tudo o que o Pai *é* nós somos, e tudo o que o Pai *tem* é nosso. Aceitar outro modo seria romper a relação de unicidade, como fez o filho pródigo quando, acreditando que tudo lhe pertencia, embora lhe tivesse sido doado pelo pai, viveu uma vida devassa, gastando e desperdiçando sua substância.

Isso também se dá conosco, mesmo que comecemos a perceber que Deus é a nossa sabedoria, nosso sustento, nosso isso ou aquilo, para depois esquecermos de continuar a reconhecer nossa Fonte. Em vez de ter gratidão, nós a usamos e a reivindicamos como se fosse nossa, frequentemente desperdiçando e exaurindo-a; ao reivindicar alguma coisa como nossa, nos excluímos da Fonte, e tal separação resulta em limitação.

Se compreendermos Deus como a Fonte, não há nada que estejamos gastando — esforços, tempo, saber, substância ou força vital —, pois, por princípio, não são nossos. Tudo flui através de nós na medida em que o solicitamos à Fonte Infinita. Acreditar em um sustento limitado se parece bastante com medir o fornecimento de água de uma comunidade pela quantidade de água nos canos em certo momento, sem levar em conta que há um reservatório próximo, sempre reabastecido pela fonte inesgotável da chuva e da neve.

A convicção de que estamos usando nossa inteligência, saber, esforço, vitalidade e tempo vai ao encontro da crença ignorante de que somos alguma coisa por nós mesmos, e de que a duração de nossas vidas pode ser determinada, de maneira geral, usando setenta anos como média. Se tivéssemos aprendido desde o começo que aquilo que o Mestre deixou claro sobre nossa verdadeira relação com Deus é que não é nossa vida que está sendo vivida, mas a vida de Deus; não é nosso esforço que é usado, mas o Dele; não é nossa compreensão ou sustento que são infinitos, mas os Dele; e que somos apenas instrumentos pelos quais Deus deixa fluir Sua vida para Se glorificar, há muito teríamos percebido que é nossa função viver, não como seres humanos velhos e enfermos, mas como imagem e semelhança de Deus, manifestando-O em nosso sustento, força e sabedoria diários.

Não será mérito nosso vivermos até cento e cinquenta anos com a aparência de cinquenta, na plena posse de todas as faculdades, juízo, inteligência, resistência e saúde. Será Deus glorificando a Si mesmo por nosso intermédio, assim como Se glorifica por meio do sol, da lua e das estrelas. "Os céus proclamam a glória de Deus, e o firmamento manifesta a Sua obra."[1] Nós não louvamos nem atribuímos mérito às estrelas por serem belas, ao sol por ser luminoso e quente ou à lua por refletir a luz. Se há algo a ser glorificado, devemos antes glorificar a Deus, que expressou a Si mesmo de tal modo. O que quer que demonstremos no caminho da harmonia espiritual não é nosso mérito; é Deus manifestando Sua obra por meio de nós, glorificando a Si mesmo por meio de nossa forma, sabedoria e graça.

O Sermão da Montanha nos aponta claramente estes dois modos de vida: o caminho do "Ouvistes o que foi dito aos antigos..." — o caminho do obter, do conseguir, do sobreviver — e o caminho do "Eu, porém, vos digo...", do deixar, doar e repousar na *Minha* paz.

> Ouvistes o que foi dito aos antigos: não matarás [...]
> Eu, porém, vos digo: qualquer um que esteja irado com o irmão, sem causa, estará sujeito a ser julgado.
> Mateus 5: 21, 22

Obedecer à ordem de não matar é possuir a retidão do caminho da lei antiga. Tal era a retidão dos escribas e dos fariseus que obedeciam à lei, e tal é a retidão de muitas das pessoas "religiosas" de hoje, pois todas as religiões pregam: "Não matarás"[2]. Mas a retidão dos que estão no caminho espiritual deve ir além disso, além do estar irado com o irmão, além da vingança.

> Ouvistes o que foi dito: olho por olho, dente por dente [...]
> Mateus 5: 38

Se nosso sentido de retidão for o da espada, que quer ser vingado de qualquer mal cometido contra nós, podemos novamente compará-lo ao dos escribas e fariseus, isto é, ao de alguns religiosos do mundo de hoje. Ouçamos, porém, o "Eu vos digo" — *Eu*, o Cristo:

> Não resistais ao mal [...]
> Se alguém te processar diante da lei, e se levar o teu manto, cede-lhe também a túnica.
> Mateus 5: 39, 40

Esse é um dos dizeres do Mestre que as pessoas do seu tempo chamaram de "palavras duras", hoje considerado impraticável. Se uma pessoa for processada, revidará com outro processo; se for prejudicada, fará de tudo para restabelecer seu direito. Tal é a retidão dos escribas e fariseus. Cristo, porém, nos diz que não devemos lançar mão de tais meios. Se nossa propriedade nos for tirada ou ameaçada, temos de aceitar tal perda com ânimo bom; se formos prejudicados, temos de procurar não revidar. São palavras difíceis, mas, apesar disso, o Cristo diz que não devemos revidar.

> Ouvistes o que foi dito: amarás o teu próximo e odiarás o teu inimigo.
> Eu, porém, vos digo: amai vossos inimigos [...]
> Mateus 5: 43-44

Esse *Eu* dentro do nosso próprio ser — não um homem de dois mil anos atrás —, esse *Eu* nos disse: "Amai vossos inimigos, abençoai os que vos amaldiçoam". Se formos cristãos só de nome, poderemos afirmar que estamos vivendo de acordo com essas palavras duras, mas, se formos praticantes cristãos, não poderemos mencionar tais ensinamentos da boca para fora: teremos de pô-los *em prática* todos os dias.

> E quando orares, não faças como os hipócritas, que oram nas sinagogas ou nas esquinas para que sejam vistos pelas pessoas [...]
>
> Mateus 6: 5

Jesus tinha o dom de ver através da natureza humana e nessas palavras desnuda as pretensões daqueles que se juntavam nas igrejas só para serem vistos. E Ele teve também uma palavra para as pessoas que se refugiam e dependem de afirmações:

> Porém, quando orares, não uses repetições vãs, como fazem os gentios: eles pensam que serão ouvidos pelo seu muito falar.
>
> Mateus 6: 7

O Mestre tinha uma resposta para tudo. Sabia que Deus é a nossa Alma, que ela está mais próxima que a respiração, as mãos e os pés; sabia que não há nada que aconteça em nós que nossa Alma não saiba. Desse modo, enquanto podemos enganar o homem comum, certamente não enganamos o Homem dentro de nós.

> Se perdoardes aos homens seus deslizes, vosso Pai celeste também vos perdoará; se porém não perdoardes os erros alheios, o Pai celeste também não perdoará os vossos.
>
> Mateus 6: 14-15

Viver humanamente é perdoar em determinados casos e negar o perdão em outros; é julgar, condenar e criticar; é o viver do jeito humano, no qual podemos nos sentir justificados ao retorquir: "Veja o que ele fez — ele mereceu". Jesus, contudo, trouxe à luz um modo de vida espiritual, que não toma conhecimento daquilo que alguém pensa, faz ou é. Ele simplesmente disse: "Perdoa".

> E, quando jejuares, não faças como os hipócritas um semblante triste: eles desfiguram suas faces para mostrar aos outros que estão em jejum.
>
> Mateus 5: 16

Novamente é o desejo humano não só de ser bom, mas também de ostentar a bondade.

> Mas tu, quando jejuares, unta teus cabelos e lava teu rosto;
> Que não mostres aos homens que jejuas, mas ao Pai, em segredo.
>
> Mateus 6: 17-18

Aí está Jesus a inverter completamente os padrões humanos e, se formos seguir Seus ensinamentos, certamente não ostentaremos nossa bondade nem buscaremos aplausos por ela — apenas viveremos no mais elevado senso de retidão.

> Não acumulai para vós tesouros na terra, onde a traça e a ferrugem os corrompem e onde o ladrão entra e rouba:

Acumulai para vós tesouros no céu, onde nem a traça nem a ferrugem os corrompem e o ladrão não entra nem rouba;

Pois onde estiver vosso tesouro, aí estará também vosso coração.

Mateus 6: 19-21

No modo de vida humano acumulam-se tesouros e, logicamente, vemos a importância de poupar para os possíveis dias de dificuldades vindouros, e não há como negar que, se dissiparmos nossa herança e esbanjarmos nosso dinheiro, poderemos um dia desejar ter sido menos pródigos. Contudo, o nosso verdadeiro tesouro é a sabedoria espiritual que conseguirmos armazenar.

Ninguém pode servir a dois senhores: pois odiará um e amará outro, ou será fiel a um e desprezará o outro. Vós não podeis servir a Deus e à riqueza.

Mateus 6: 24

Não podemos viver de acordo com um padrão da vida humano e ao mesmo tempo colher os frutos da vida espiritual; não podemos viver segundo a filosofia do "olho por olho, dente por dente" nem depender dos tesouros acumulados, os quais a traça e a ferrugem corrompem; nem viver conforme os códigos humanos e ao mesmo tempo orar a Deus pela luz, pelo pão, pelo vinho e pela água espirituais.

Não vos inquieteis com vossas vidas, com o que comereis, com o que haveis de beber: nem com o vosso corpo, com o que haveis de vestir [...]. Os gentios almejam todas essas coisas [...]

Mateus 6: 25, 32

No tempo de Jesus, os gentios eram os pagãos; eram aqueles que viviam pela carne, os que faziam aquilo que muitos de nós fazemos hoje; se preocupavam com aquilo que comiam, bebiam e vestiam. Jesus, porém, nos lembra que a verdadeira vida cristã é uma dependência do Infinito Invisível. É uma vida vivida na compreensão de que a Alma dentro de nós é o nosso pão, vinho e água, nossa inteligência, a resistência do nosso corpo, e que o renova, tornando-o jovem e harmonioso para uma vida plena e frutífera.

Viver sem esses cuidados não faz sentido humanamente, mas, ao acreditarmos que somos alimentados por essas águas interiores da vida eterna, nossa vida é amparada e mantida pelas faculdades interiores da Alma. Viver de acordo com os padrões espirituais é viver uma vida que é chamada, na terminologia cristã, vida pela Graça. Dentro de nós está aquilo que chamamos de nossa Alma, a substância da nossa vida, de onde podemos sacar, como fazemos com nossa conta bancária, mas com uma diferença: na conta, estamos limitados àquilo que previamente depositamos no banco, enquanto na vida espiritual nosso limite está naquilo que Deus possui. Podemos sacar da nossa Alma fortaleza ou sabedoria, habilidade na profissão ou até para dirigir um carro, para tocar os negócios ou a vida doméstica.

Quando são desenvolvidas as capacidades espirituais, não há absolutamente limite para aquilo que podemos conseguir, já que não somos nós que o conseguimos. É Deus quem faz tais coisas, pairando invisível neste mundo e atraindo para nós tudo e todos que são necessários à nossa experiência; somos levados ao lugar onde devemos estar, no momento certo, recebendo aquilo que deveríamos receber.

Paulo chamou isso de viver pelo Cristo, deixando o Cristo viver nossa vida, deixando-O fazer todas as coisas — não por meio da força física, da conta bancária ou da vingança, mas por intermédio do Cristo que nos fortalece. Viver pelo Cristo requer que abandonemos o sentido pessoal de vida, a confiança na força física, na razão humana e nos recursos materiais.

No Sermão da Montanha estão definidos dois modos de vida completamente diferentes, que não têm pontos em comum. Um é o estilo do "Ouvistes o que foi dito aos antigos", exemplificado pela retidão dos escribas e fariseus, o caminho da maioria da humanidade. Também é o modo de vida de quase todos os ensinamentos religiosos do mundo de hoje, exceto os ensinamentos místicos que, raramente, atingem a consciência humana, pois a maioria não busca um caminho que seja tão radicalmente diferente do modo de vida convencional; assim, com exceção dos que seguem o caminho místico, pouco ou nada é conhecido do modo de vida do "Eu, porém, vos digo...".

O grande ensinamento do Mestre no Sermão da Montanha e nos quatro Evangelhos não é de fraqueza, conveniência ou tolerância; nem o de cega e submissamente deixar o mundo fazer a nós o que quiser, e de levarmos todas as pancadas que queira nos dar. É o de não resistir ao mal, na certeza de que o Pai interior toma conta dos nossos interesses.

    Para uma pessoa muito materialista, envolvida e governada por este mestre tirânico, a mente racional, esse modo de vida será, sem dúvida, julgado e condenado rapidamente como impraticável. De início, parece de fato impraticável, mas paremos um pouco e tentemos ver por que achamos que devemos nos proteger lutando, batalhando mental, física ou piedosamente. Não será tudo isso baseado na premissa errônea de que há dois poderes no mundo? E, se há um só poder no mundo — Deus —, haverá algo contra o que lutar e batalhar? É verdade que, se julgarmos pelo que vemos e ouvimos, há dois poderes. Mas sobre o que baseamos nossos julgamentos? Não estamos julgando só pelas aparências, pelas evidências diante de nós? O Mestre nos alertou sobre não julgarmos pelas aparências, mas sim, a fazermos o julgamento correto. Se julgarmos da maneira justa, que significa dar testemunho não daquilo que vemos ou ouvimos, mas daquilo que espiritualmente se desdobra do nosso interior, logo descobriremos o milagre e o mistério deste ensinamento: não há dois poderes — há apenas um.

    No Sermão da Montanha nos é mostrado o modo de vida humano como nós o vivemos, mas também nos é dado um vislumbre da vida espiritual que pode ser atingida e que é o modo de vida mais prático, pois é a vida vivida segundo um princípio espiritual, e esse princípio é Deus — infinito, eterno, universal, onipresente, onipotente e onisciente.

Em certos momentos de nossa vida, todos podemos chegar a uma experiência evidente daquela Presença que Jesus chamou de Pai interior. E não só devemos experimentar tal Presença individualmente, mas contribuir de todos os modos possíveis para que seja parte da experiência do mundo.

Há fracos rumores de uma nova compreensão entre as nações. Há não muito tempo, o único modo de resolver disputas internacionais era por meio da guerra. Poucos se sentavam para negociar e geralmente falhavam, porque os homens pensavam que, se as conversações não fossem proveitosas, haveria sempre a possibilidade de convocar o exército e a marinha. Mas para o que as nações apelariam na era nuclear? Já que todos perceberam que a civilização não sobreviveria a uma guerra atômica, aqueles em posição de poder estão agora buscando outra solução para as tensões mundiais. Alguns chegaram até mesmo ao hábito de censurar seus próprios aliados, se estes recorrerem à violência e esquecerem a mesa de negociações. Sem levar em conta o quanto possa parecer correto o ponto de vista de cada nação, o mundo está lentamente deixando de tolerar o uso da força, mesmo que uma nação perca, temporariamente, em virtude de não usar o poder físico. E esse é o primeiro passo rumo ao modo de vida preconizado no Sermão da Montanha.

Anos e anos atrás, mesmo antes de o Caminho Infinito ser sequer sonhado, vi que a solução de todos os problemas humanos não repousava na capacidade de lutar, de combater o erro, mas na capacidade de permanecer na ideia de um só poder. Uma vez capazes de fazer isso, estaremos praticando o Sermão da Montanha e vivendo uma vida espiritual, pois não mais será preciso procurar ter boa saúde mais do que fugir da doença; nem procurar o sustento mais do que fugir da privação: permaneceríamos no Ser divino, não no ser humano.

O ser humano precisa de muitas coisas: ser curado, suprido, ter seus bens aumentados — mas não os filhos de Deus. Esses são sustentados pelo Pai interior. Quando nos elevarmos acima do ódio e do amor, até podermos sinceramente orar pelos injustos assim como pelos justos, estaremos então acima dos pares de opostos, nos aproximando da consciência de "Eu, porém, vos digo..." do Sermão da Montanha.

Esse é o segredo do Sermão da Montanha, que nos livra das dicotomias saúde-doença, sustento-privação, e nos leva para o mundo do primeiro capítulo do Gênesis, onde não julgamos de maneira alguma os termos da dualidade, mas ficamos apenas no Espírito. Em outras palavras, voltamos ao primeiro capítulo do Gênesis.

XII
Não resistais

Viver uma vida espiritual significa viver acima do sentido humano de vida, sem recorrer aos meios e processos humanos, isto é, viver pelo Cristo. Significa nunca retribuir mal com mal, nem orar, pedir ou desejar que o outro sofra por causa de suas ofensas — mesmo pelas ofensas dirigidas a nós —; nunca desejar recuperar as perdas, no que diz respeito ao modo de vida humano, às nossas leis. Porém, legal ou não, esse não é o modo de vida do Cristo. De fato, se alguém nos engana, é considerado legal, próprio e legítimo processá-lo, mas tal procedimento não é espiritual.

> E se alguém quiser te arrastar diante dos juízes e tomar o teu manto, deixe-o levar também tua túnica.
> Mateus 5: 40

Se alguém nos recomendasse: "Estou lhe dizendo, deve parar com seus processos. Se alguém quiser tomar sua propriedade, deixe; se quiser tomar sua casa, seu carro, deixe; e se alguém decidir levar suas joias, deixe levá-las também e olhe à sua volta para ver se pode lhe dar mais alguma coisa além do que já foi levado", tal conversa pareceria totalmente contrária à razão.No entanto, é o que Jesus nos diz no quinto capítulo do Evangelho de Mateus, e não temos como saber se estava certo ou errado, nem se nos beneficiaríamos obedecendo a esse mandamento, pois a maioria de nós nunca tentou aplicar o caminho do "Não resistais ao mal"; e, além disso, mesmo que tenhamos alcançado tal estado de consciência, seria provavelmente bastante insensato agir assim.

À primeira vista, tal ensinamento pode significar que deveríamos deixar qualquer um nos pisotear, enganar, tomar tudo o que temos, enquanto nós, suave e gentilmente, permitimos tudo. Jesus, o Cristo, porém, nunca quis dizer isso, mas sim, que não deveríamos, humanamente, revidar; porém, não disse o que poderia acontecer espiritualmente se tal conselho fosse seguido. Ele não diz nada sobre o que Deus fará por nós se pararmos de agir por nós mesmos; não explica como devemos abordar o problema sem invocar a lei do "Olho por olho, dente por dente".[1] Contudo, a implicação disso é que a Presença espiritual vem em nosso socorro para nos elevar acima da injustiça e da desonestidade. Será, de fato, que alguém pode nos roubar se estivermos em nossa identidade espiritual como filhos de Deus?

Quando os soldados foram prender o Mestre no Horto das Oliveiras e sacaram-se espadas para defendê-Lo, Jesus não permitiu que seus discípulos o defendessem e disse: "Embainhem vossas espadas, pois aquele que ferir com a espada, pela espada será ferido".[2] No sentido material, isso parece significar que Ele dava carta branca para que o prendessem e fizessem Dele o que quisessem. Mas Ele não fez nada disso. Ao contrário, ponderou: "Eu tenho o Infinito Invisível no qual confio. Tenho aquele Algo divino que sabe o que preciso antes de mim mesmo e é do Seu agrado dar-me o Reino". E descansou nessa completa confiança.

"Não resistais ao mal"[3] soa-nos como o mais louco e menos prático dos ensinamentos humanos, embora seja o mais sábio e o mais prático dos princípios espirituais. Aqueles que atingem um estado de consciência em que podem deixar os inimigos se aproximarem munidos das armas do mundo — facas, lanças, armas ou processos — e continuar tranquilos, sem resistência, nunca podem perder; assim foi com Davi em seu duelo com Golias ou com os hebreus, numericamente muito inferiores, em suas batalhas.

Enquanto resistirmos ao mal, não estaremos vivendo sob a Graça, mas sob a lei; e qualquer faca que atirarmos nos outros se tornará um bumerangue a nos ferir o peito, como um relâmpago, a qualquer momento. Não haverá caminho para que a Graça desça sobre nós, se aceitarmos o modo de vida humano. Podemos pedir pela Graça um milhão de anos, mas não a obteremos até pararmos de utilizar as armas do mundo e até que tenhamos a compreensão de Jó, de que Ele "suspendeu a Terra sobre o nada".[4] Então, se quisermos nos amparar nesse nada, o Espírito se precipitará e nos impulsionará, aparecendo na forma necessária.

O Mestre revela que a lei básica do carma é "como semeares, assim colherás", mas também aplaina um caminho seguro e certeiro para nos erguer acima da lei de causa e efeito, que é não acionar a causa — não fazendo nada, não pensando em nada e não sendo nada por nós mesmos. Por exemplo, se orarmos com algum objetivo ou propósito em mente, vamos provavelmente produzir um efeito de acordo com o estabelecido. Mas, se orarmos sem objetivo específico, apenas para a percepção de Deus, não acionamos uma causa e não teremos o efeito; haverá apenas o próprio Deus Se manifestando como harmonia em nossa vida.

Assim ocorre que, se não usarmos as armas de defesa em nosso favor, não poderemos ser atingidos por elas. Se não medirmos a justiça de acordo com os padrões humanos, a justiça humana não poderá se voltar contra nós. Qualquer coisa a que nos ligarmos estará a nós ligada; qualquer coisa que liberarmos, será liberada. Quem determina isso somos nós e, quando abandonamos os cuidados e as coisas deste mundo e vivemos com o constante desejo de conhecer corretamente a Deus, deixando as demais considerações de lado, Ele é compreendido, manifestando-Se na nossa experiência como uma vida aperfeiçoada.

Tudo o que chega aos nossos sentidos existe como um efeito, mas, no momento em que percebemos que não há nem bem nem mal, perdemos o medo de todo e qualquer efeito possível. Não podemos temer algo que tenha mais poder — bom ou mau — do que um simples copo d'água. Não só não podemos temer um copo d'água como também não podemos amá-lo. Podemos desfrutar e nos beneficiar dele, mas jamais alguém o amou, temeu ou odiou. Apenas o encaramos como aquilo que é — um copo d'água.

Foi bem essa a atitude do Mestre diante da lepra: não a odiou, não a temeu e, certamente, não a amou. Aproximou-se e tocou-a, mostrando estar acima da crença no bem e no mal. Para Ele, a lepra não tinha poder algum.

É possível nos elevarmos além da lei de causa e efeito — mas só depois de termos nos livrado das armas do mundo, quando nossa vida for vivida não só de pão, mas de cada palavra que provém da boca de Deus. Quando não mais pensarmos no alimento, no dinheiro, no clima ou em qualquer efeito como se constituísse nossa segurança, e quando descobrirmos que nossa vida verdadeira é sustentada pela palavra de Deus, estaremos vivendo uma vida espiritual, sem depender dos seres humanos, de seus investimentos ou posições, não as descartando de nossa vida, mas percebendo que são apenas coisas acrescidas à vida, parte da Graça de Deus manifestada e, portanto, não há nenhum temor de que nos sejam tomadas.

Se dependemos da vida material, quando tais seguranças nos forem subtraídas, estaremos, de fato, perdidos. Aquele que pratica um modo de vida espiritual jamais está perdido — aquele que não mais usa a espada em sua própria defesa, mesmo que seja a espada da lei ou um abrigo contra as bombas; aquele que não mais confia na força, nem mesmo na força dos argumentos — mas aquieta-se no interior do próprio ser e deixa que o Infinito Invisível seja sua defesa e, se necessário, sua ofensiva. Esse Infinito Invisível nunca destruirá pessoa alguma, mas destruirá as más influências ou pensamentos, crenças ou atos que podem tentar se manifestar por intermédio da pessoa.

Desenvolvemos individualmente o estado de consciência que não usa o poder e que, por fim, leva nosso mundo particular para a órbita do *não poder*, pela compreensão de que nada do que existe como pessoa, coisa, lugar, circunstância ou condição tem poder, quer seja bom, quer seja mau. Não há poder do bem ou do mal, pois não há poder. Nada é poder, e ninguém é poder: só Deus é o poder criativo, de manutenção e sustento, que opera sem nenhuma ajuda nossa. Só Deus é poder, e nós somos os instrumentos pelos quais Ele flui.

O Mestre compreendeu claramente isso quando disse: "Por que me chamais bom?[5] [...] Eu, por mim mesmo, nada posso fazer. [...] o Pai habita em mim e é quem faz as obras".[6] E assim é também conosco. O poder não nos é dado de fato, mas, se chegarmos ao estado mental, embalados pelo Espírito, em que não resistimos ao aparente erro negando-o, combatendo-o ou tentando destruí-lo, logo testemunharemos as coisas maravilhosas que o Pai interior realiza.

Podemos chegar a um estado de consciência que nos dará a resposta a qualquer problema que se apresente: "Isso está na minha mente. Estou olhando para isso. Isso não me beneficia, não me fere. É uma sombra. Sei que o mundo chama isso de poder, que pode matar, destruir ou enfraquecer, mas eu afirmo que é uma sombra porque, no mundo criado por Deus, não pode existir um poder — e não preciso de poder algum, nem mesmo para destruí-lo, superá-lo ou removê-lo".

A existência humana está baseada na confiança ou crença em dois poderes, e mesmo a religião é baseada no poder de Deus sobre o mal; no céu, porém, não há poderes, nem do bem nem do mal:

há apenas Deus, vivendo Sua vida como você e eu e como um universo celestial. No momento exato em que pudermos manifestar o ensinamento do Mestre de não resistir ao mal, não mais passaremos nossos dias, como faz a maioria, perseguindo, procurando e mendigando por um poder para fazer algo e competindo com os outros. Quando descobrirmos esse novo princípio — não um novo poder, mas um novo princípio, uma nova dimensão da vida —, viveremos em um mundo sem competição, em um universo onde os homens não combatem uns aos outros.

Observe a transformação de seu próprio mundo à medida que se aprofunda no sentimento de que não precisa se opor ou usar qualquer poder contra algo ou alguém.

"Não resistais ao mal." Pode ser que, de início, alguém queira lhe tomar até o último centavo, mas não poderá lhe tomar nada permanentemente, pois, mais rápido do que possa lhe tomar, mais rápido lhe será retornado de alguma forma; portanto não demorará para que tenha tanto quanto tinha antes e, provavelmente, muito, muito mais. Contudo, caso se apegue ao que lhe tomam, poderá ficar com menos.

Guerras e processos são consequências da convicção de que a posse de terras, de dinheiro ou de pessoas deva ser mantida nas garras do possuidor a qualquer preço, mesmo que isso desperte inveja, ciúme e ódio. Quando qualquer forma de mal ou perigo nos ameaça, entra em ação imediatamente a lei da autopreservação, que nos faz levantar o punho cerrado; e, se formos estudiosos da metafísica, construiremos rapidamente uma parede mental de defesa atrás da qual nos refugiamos com declarações tais como: "Isso não é verdade. Isso não é assim. Não há vida nisso. Deus é tudo". Há uma resistência ao erro, como se ele fosse um poder e, enquanto só a verdade é poder, o erro é só um "braço da carne". Uma atitude como essa nos deixa sem nenhum sentimento ou necessidade de superar ou destruir qualquer coisa.

A resistência física do punho ou da espada e a resistência mental das afirmações ou negações são praticamente a mesma coisa; mas elevar-se além do físico e do mental, para o reino espiritual, nos leva a essa nova dimensão, onde não há poder, onde não há bem nem mal, onde todas as situações são enfrentadas apenas repousando no Espírito.

Somente o Espírito de Deus em nós nos capacita a nos elevar além do desejo de vingança, da necessidade de nos defender de calúnias, de escândalos e de boatos. Quando não cedemos à tentação de nos justificar ou defender, e apenas dizemos, sorridentes: "Se você acredita nisso, sinto muito por você", e não nos importarmos, significa que estamos confiando que o Cristo fará os ajustes necessários e nos trará a justiça que o Mestre prometeu: "Por isso, serenai vosso coração, não vos preocupeis com o que tiverdes de responder. Eu vos darei as palavras e a sabedoria, as quais nenhum adversário será capaz de negar ou resistir".[7] Não temos de planejar antecipadamente o que dizer nem de ser nosso próprio advogado, mas esperar que estejamos diante do juiz, abrir a boca e ouvir o Espírito falar por nós.

Aprendamos a nos sentar quietos, descansando na percepção de que somos sustentados pelos "braços eternos"[8] e que nenhuma oração trará esses braços a nós — eles já nos envolvem. Se for necessário como lembrete, sempre que surjam problemas, fechemos nossos olhos e lembremos o que Jesus disse a Pedro: "Guarda a tua espada".[9]

Todos esses quadros conflitantes que vemos à nossa volta são apenas imagens mentais no pensamento, sombras sobre a tela. Temos de aprender a não ficar aflitos quando os olhamos e compreender que não têm mais substância do que as figuras que se movem em uma tela, nem mais poder que as balas disparadas em um filme na televisão, que a atravessam sem quebrá-la. Fazem muito barulho, mas nada são além de sombras; e um dia, ao olharmos dentro de nossa mente, veremos e compreenderemos que há essas imagens ou quadros mentais do que chamamos de vida, e que acontecem dentro e não fora de nossa mente. O que vemos não é o evento em si mesmo nem as pessoas envolvidas: é o conceito mental que criamos e que fazem o papel de evento ou pessoa.

Quando percebemos que o problema que se nos apresenta não é uma entidade espiritual criada por Deus, mas apenas um conceito mental sem causa ou realidade — sem presença, poder ou substância —, então, na percepção de Deus como princípio criativo, mantenedor e sustentador de tudo o que realmente *é*, já temos todo o poder de Deus que necessitamos, sem termos de nos voltar para Ele pedindo que faça qualquer coisa a respeito.

Não é necessário superar o ódio, o medo, o ciúme ou o ressentimento, mas *é* necessário sentar, fechar os olhos e perceber que "há imagens mentais no pensamento, estados do pensamento projetados na grande ilusão mental". E então, na paz interior, são dissolvidos. Não são destruídos, pois não há substância, e não são mais reais que as imagens na tela da televisão. De fato, por trás do filme há um quadro real, com substância, assim como por trás de cada crença, teoria ou quadro falso que nos é apresentado há uma realidade; porém, tal realidade é distorcida em sua representação no quadro, e é essa distorção que é dissolvida assim que a realidade aparece.

A *mente condicionada* gera nossos problemas e, às vezes, essa mesma mente pode criar a resposta; mas não é isso o que buscamos. O que queremos é uma capacidade maior que a mente humana, de modo a não apelarmos para os processos de pensamento e a deixarmos que nossa mente seja um instrumento pelo qual a Alma possa se revelar.

Apenas um problema pode existir na mente. Se nos aquietarmos, se não mais existir pensamento, onde se situará o problema? Não existirá mais e, em seu lugar, surgirá a verdade ou a realidade.

Se, em vez de combatermos o problema, admitirmos que sob todas as aparências esse problema parece esmagador e nos voltarmos para dentro pedindo que a verdade nos seja revelada, não estaremos tentando superar ou destruir o problema. Estaremos apenas tentando compreender — não o problema, mas a realidade por trás dele. Se pudermos ficar perfeitamente quietos e silenciosos, sem tentar superar, destruir, remover ou escapar de qualquer situação ou condição, o Espírito fluirá em nós e haverá liberdade.

Quando o erro se nos apresenta em qualquer de suas formas, há uma tendência de criarmos uma parede contra ele; assim fazendo, a oportunidade para demonstrar o Espírito se perde, porque nenhuma parede é necessária. Não erga paredes contra o mal, não construa defesas: compreenda que nenhuma coisa externa, nem mesmo as coisas boas, tem poder. Todo bem está no Espírito, na Consciência, e não naquilo que ela produz.

Adentremos juntos agora a quietude interior, onde não lançamos mão de qualquer poder para tentar fazer o que quer que seja. Não resistamos ao mal: deixemos o mal fazer o que quiser, enquanto não o negamos nem o afirmamos. Não procuraremos Deus nem temeremos o mal, mas sentaremos em paz, sem lutas, sem disputas ou batalhas:

"O Senhor é meu pastor [...] Ele me faz descansar em verdes pastagens; Ele me guia para junto de águas tranquilas; Ele me prepara a mesa na presença de meus inimigos."[10] *Ele realiza aquilo que me é dado fazer;*[11] *Ele aperfeiçoa aquilo que me diz respeito.*[12]

Eu vivo, me movo e tenho o meu ser em Deus; portanto, nada preciso temer; não preciso combater, pois a batalha não é minha.

"Onde está o Espírito do Senhor, ali está a liberdade"[13] — *sem contendas, só a paz.* "Paz [...] *minha paz deixo a vós; não como a dá o mundo"*,[14] *não a paz que vem da destruição dos povos ou países vizinhos, não a paz que vem de possuir muitas armas, mas Minha Paz.*

Aqueles que vivem pela espada, mesmo pela espada mental, pela espada morrerão. Por isso, guarde-a. Pare de se defender. Em todas as orações, em todas as meditações, em qualquer tratamento, lembre-se de guardar a espada. Quando não mais usarmos as armas humanas, físicas ou mentais, relaxaremos, não cedendo para que o mundo faça conosco o que quiser, mas permitindo ao Espírito, que habita dentro de nós, que assuma e governe a nossa experiência.

O Sermão da Montanha ofereceu-nos uma escolha entre dois modos de vida — a lei ou a Graça. Se escolhermos a lei, teremos provavelmente um pouco mais de facilidade, pois estaremos em conformidade com a prática comum, caminhando com a massa, e poderemos, temporariamente, nos beneficiar de algum modo, pelo menos até o dia do acerto de contas. Por outro lado, se tentarmos viver pela Graça, nos encontraremos em descompasso com este mundo, podendo, temporariamente, sofrer injustiças. Contudo, em uma análise final, descobriremos que temos vivido sob a Graça de Deus, Seu governo e Sua proteção. Em nós se fará a vontade de Deus, não a do homem. E isso é uma vida completamente diferente.

XIII
O PAI QUE VÊ EM SEGREDO

E, quando orardes, não façais como os hipócritas: a eles agrada orar nas sinagogas e pelas esquinas das ruas, para que sejam vistos pelos homens. Em verdade vos digo, eles já têm a sua recompensa.

Mas vós, quando orardes, entrai em vosso aposento e, quando tiverdes fechado a porta, orai ao vosso Pai em segredo; e o Pai, que vê no secreto, vos recompensará largamente.

Mateus 6: 5-6

Essas palavras do Mestre podem nos chocar quando percebemos quantas são as pessoas que acreditam que suas orações mais eficazes sejam aquelas feitas nas igrejas. Quantas vezes nós mesmos oramos em público esquecendo que, de acordo com Jesus, a oração deve ser praticada em segredo. Antigamente, os escribas e os fariseus oravam em público, do mesmo modo que a maioria das pessoas de hoje e, pelo seu muito orar, recebiam os louvores dos vizinhos. Perderam apenas uma coisa: a Graça de Deus.

Quando nossas orações se tornam matéria pública, inflamos nosso ego, tentamos parecer mais importantes, começamos a nos glorificar, sem perceber que, desse modo, estamos sacrificando a recompensa do Pai e nos afastando da verdadeira bem-aventurança que procuramos. Qualquer coisa que nos glorifique ou tente fazer o mundo acreditar que somos algo por nós mesmos tende a nos separar do amor de Deus. Todo o ensinamento do Mestre é: "Por mim mesmo, nada posso fazer[1] [...] o Pai que habita em mim é quem faz as obras.[2] [...] Minha doutrina não é minha, mas Daquele que me enviou".[3]

Essa ordem de orar secretamente não significa que não possamos nos unir a outros em oração ou nos reunir nas igrejas ou templos com o propósito de orar, pois Jesus também ensinou que "quando dois ou três estiverem reunidos em Meu nome, Eu estarei no meio deles".[4] Sua intenção foi que não frequentássemos as igrejas por se tratar da coisa certa, na moda ou social, ou até para evitar que os vizinhos comentassem às nossas costas se não estivéssemos lá. Nossa razão para ir à igreja deveria ser o desejo de nos reunirmos, em uma atmosfera santificada, com outros devotos da vida espiritual, em uma oração secreta e silenciosa, buscando a comunhão com Deus para recebermos o batismo do Espírito Santo.

Jesus lembra-nos também de que não oremos nas montanhas sagradas nem no Templo de Jerusalém, novamente com o significado de que não deveríamos esperar por percepções maiores da Presença em tais lugares do que se orássemos no jardim, na casa ou na sala. E isso porque "o Reino de Deus não vem pela observância, nem podemos dizer — 'ei-lo aqui, ei-lo acolá'; vede, pois, o Reino de Deus está dentro. de nós".[5] A única maneira de orar sem cessar é orar em qualquer lugar em que estivermos — em casa, na rua, no ar, embaixo d'água, dentro ou fora da igreja.

A oração em si nunca deve ser ostentada publicamente, nem deve ter o propósito de ser vista ou ouvida pelos homens. É uma experiência secreta e sagrada e, por isso, deve ocorrer no recôndito de nossa própria consciência, e então "o Pai que vê em segredo"[6] nos recompensará abertamente.

Só depois que começamos a praticar a oração secreta é que aprendemos a eficácia da oração verdadeira e começamos a observar as mudanças que ocorrem em nossa vida quando passamos a ter diariamente momentos de recolhimento em algum lugar quieto, onde podemos entrar no Silêncio pacífico e em segredo comungar com Deus. O Mestre ensinou que nossas orações devem ser dirigidas ao Pai interior, e não há meios de acessar esse lugar onde Deus está a não ser quando estamos em silêncio, em paz e serenos em nosso interior. Portanto, se faz necessário entrar em um aposento, fechar a porta do santuário, apagar as luzes e os ruídos dos sentidos para podermos tocar esse Lugar. Cada pensamento que ocorre em nossa consciência alcança o trono de Deus e retorna para nós, sem ser visto ou ouvido, e só há um meio pelo qual podemos medi-lo — deve ser sagrado e generoso:

Bem ali dentro do meu próprio ser está o Pai, e esse Pai conhece meus pensamentos; esse Pai conhece as meditações do meu coração; esse Pai sabe se a minha intenção é pura ou movida por interesse próprio e hipocrisia.

As questões da vida estão dentro de nós e é aí que são resolvidas. Dentro de nós está todo o reino de Deus — o que significa que dentro de nós estão imortalidade, eternidade, virtude, prosperidade, saúde, harmonia, totalidade, perfeição e plenitude. Em nossa humanidade, somos incapazes de exteriorizar esse reino, pois, como humanos, vivemos em termos de efeitos e não de causas, mas quando aprendemos a estabelecer contato com a Fonte, nos aproximamos do Invisível e voltamos ao Éden.

É só habitando o santuário interior que se consegue voltar à casa do Pai, pois na meditação o ego ou sentido pessoal do "eu" — aquele Adão que vive do suor da sua fronte — aquieta-se. Não é pedindo poder, compreensão ou sabedoria; pelo contrário, é assumindo uma atitude de humildade, como a de quem diz: "Não sou suficiente, completo e harmonioso; e assim me volto para a Fonte do meu Ser, para Aquele que é maior que eu". Pela nossa quietude demonstramos nossa humildade.

A oração corriqueira torna o homem superior a Deus, uma vez que diz para Deus o que ele quer e, geralmente, quando o quer. Exalta assim o ego, pois ousa tentar influenciar Deus a seu favor e a favor de outras pessoas. Mas, no silêncio da meditação, a oração é:

Não Te peço que atenda meus propósitos, minha vontade, meus desejos ou minhas ordens. Eu sou o Teu servo — faz de mim o que quiseres. Ensina-me, alimenta-me, guia-me. Tu estás mais próximo de mim do que minha respiração, conheces minhas necessidades e é Teu maior prazer dar-me o Reino. Portanto, eu espero em Ti.

Nessa atitude de espera, cria-se um vácuo, e o ego se aquieta temporariamente. O sentido pessoal do eu, com seus desejos, vontades, expectativas e ambições, se apaga, e aí então há espaço para que a chama transcendental se acenda. É necessário haver humildade antes que o Espírito do Senhor venha sobre nós. E assim, quando oramos em segredo, descobrimos nossa unidade com o Pai e, por causa dessa unidade, tudo o que o Pai tem é nosso por herança divina e, consequentemente, é o maior prazer do Pai dar-nos o Reino sem necessidade de prêmio, compensação, gratidão, cooperação ou afeto. Quando compreendemos nossa relação com o Pai, aprendemos a moldar nossos pensamentos e ações de acordo com Sua vontade.

A natureza e o propósito da oração secreta são pouco compreendidos na vida religiosa das pessoas de hoje. O segredo, contudo, é tão poderoso quanto o silêncio que é, na realidade, a chave do sucesso espiritual; sem essa atitude de discrição, a manifestação espiritual é impossível.

> Tomai cuidado para não dardes vossas esmolas diante dos homens para serdes vistos por eles, pois assim não recebereis a recompensa do vosso Pai que está nos Céus.
>
> Assim, quando derdes vossas esmolas, não soai as trombetas diante de vós, como fazem os hipócritas nas sinagogas e nas ruas, que podem ser glorificados pelos homens. Em verdade vos digo, eles já têm sua recompensa.
>
> Mateus 6: 1-2

Não é uma declaração bastante clara? Quantas pessoas no mundo fazem caridade diante dos homens, anunciam sua generosidade de forma que as outras pessoas fiquem impressionadas e comentem sua grande nobreza e contribuição para com a comunidade e, possivelmente, o quanto são boas cristãs! Porém, a respeito dessa prática, disse Jesus: "*Não tereis recompensa do vosso Pai que está nos Céus*".[7]

> Mas, quando derdes esmolas, não deixai a vossa mão esquerda saber o que fez a mão direita:
> Que vossas esmolas sejam em segredo: e o vosso Pai, que vê no secreto, vos compensará abertamente.
> Mateus 6: 3-4

O Pai em nós é nossa própria Alma e, qualquer coisa que façamos, nossa Alma sabe; e, se o fizermos em segredo e em silêncio, Ele saberá como nos compensar abundantemente. Todavia, quando abertamente fazemos algo de bom, pode parecer que o feito é nosso, o que não é verdade, uma vez que Deus é o autor de tudo o que é bom e nós somos, quando muito, instrumentos ou transparências pelas quais Sua Graça se manifesta. De mais a mais, queremos inconscientemente que nossas boas ações sejam percebidas e que sejamos elogiados, admirados ou agradecidos por nossa generosidade e filantropia, como se nós próprios fôssemos bons.

Quando, porém, damos esmolas em segredo, o sentido pessoal do eu está completamente ausente, e apenas Deus testemunha nossos atos. Toda boa ação feita secreta e sagradamente elimina o ego e ressalta a presença de Deus.

> E, pois, quando jejuares, não faças como os hipócritas de semblante triste; eles desfiguram sua face para mostrarem aos homens que estão em jejum. Em verdade vos digo, eles já têm sua recompensa.
> Mas tu, quando jejuares, unge a tua cabeça e lava o teu rosto;
> Que não mostres aos homens que jejuas, mas ao teu Pai, que está em segredo. E o teu Pai, que vê em segredo, te compensará abertamente.
>
> Mateus 6: 16-18

Não demonstremos nosso saber espiritual abertamente; não alardeemos para os homens que achamos o segredo da comunhão com a Fonte da Vida. Não exponhamos nossas pérolas espirituais àqueles que não estão preparados para recebê-las e para que não se percam ou sejam pisoteadas. Deixemos brilhar nossa luz onde possa ser útil, em vez de exibi-la diante dos homens e obscurecê-la com o véu das palavras.

Não é egoísmo mantermos em segredo nosso relacionamento com Deus, pois nossa luz brilhará para aqueles que estão prontos para vê-la; nossa sabedoria será ouvida por aqueles que têm ouvidos para ouvi-la mesmo que seja transmitida sem palavras ou pensamentos.

O jejum espiritual é uma comunhão íntima com Deus, enquanto nos abstemos de palavras e pensamentos. É habitar em Deus sem que sejamos percebidos pelos que nos rodeiam. É oração em seu sentido maior, que se abstém de pretender qualquer coisa de Deus, embora seja a percepção do livre fluir de Sua Graça.

Um ensinamento em tão elevado nível de consciência nunca poderá ser compreendido pela mente racional e, por isso, só pode ser seguido por aqueles cujo intuito é a percepção espiritual. Quão raramente tais ensinamentos esotéricos de Jesus sobre manter segredo foram ensinados abertamente! Quão raramente foi reconhecido que há um lugar espiritual em cada pessoa, mencionado em revelações como: "Filho, tu estás sempre comigo e tudo que Eu tenho é teu",[8] ou "Eu nunca te deixarei, nem te abandonarei",[9] ou "Eu estou sempre contigo, até o fim do mundo".[10]

Quantos compreendem o mistério de tais ensinamentos? Quantos sabem que esse *Eu* está, literalmente, no meio de nós e que o *Eu* que vê em segredo nos recompensa abertamente? Pela meditação e contemplação temos de resolver o mistério da vida espiritual, e isso podemos fazer apenas quando, secreta e sagradamente, contemplamos a natureza do Infinito Invisível, que está mais perto de nós que nossa respiração. Nunca devemos acreditar que os mistérios de Deus nos serão revelados em meio ao clamor da discussão, da argumentação ou da teorização. Os mistérios ocultos não são ocultos para aqueles que compreendem e seguem os ensinamentos do Sermão da Montanha.

XIV
Quando orares

Durante séculos a humanidade acreditou que a simples verbalização, na tentativa de alcançar Deus, fosse suficiente para trazer o poder e a Presença Dele para a vivência diária. Por centenas, milhões ou até mesmo bilhões de anos as pessoas ao redor do mundo oram para que cessem as guerras, que a fome seja varrida da face da terra e que as doenças sejam curadas — mas todos esses problemas perduram.

Ninguém tem suas preces atendidas quando ora apenas com a mente, confiando completamente nas palavras e nos pensamentos, pois assim não se dá ao Espírito a oportunidade de se manifestar. Seja qual for a forma da oração, não se cria conexão com Deus até que haja uma percepção consciente de Sua presença.

> Mas, quando orardes, não useis de vãs repetições, como fazem os gentios: eles pensam que serão ouvidos pelo seu muito falar.
> Mateus 6: 7

Muitos de nós somos acusados de usar repetições vãs pensando estar orando quando, na verdade, continuamos repetindo mais e mais preces inventadas pelo homem. Mesmo a grande oração do Pai-Nosso, se recitada com a ideia de que a mera repetição de suas palavras tenha algum poder, não é uma oração eficaz, porque tudo o que pode ser pensado, falado ou escrito é apenas um efeito — e como pode estar o poder de Deus em um efeito? Não afirmam as Escrituras que há um único Poder e um único Deus?

A oração feita de palavras e pensamentos não consegue atingir a Deus, ficando assim, sem resposta. Porém, as que são atendidas são as mais profundas dentro da pessoa, onde não há palavras nem pensamentos, mas uma sede, um desejo ou uma necessidade que ultrapassa as palavras. Nesse intenso anseio, Deus é alcançado.

A ausência de resultados das orações simplesmente dá testemunho da nossa incapacidade de ir fundo o bastante, dentro de nossa consciência, para estabelecer contato com a Presença, que está sempre disponível. Deus não é encontrado na superfície da mente humana; não pode ser encontrado pelo intelecto; não pode ser encontrado a não ser por meio de profunda oração, por uma sede interior de Deus, por um íntimo desejo de conhecê-Lo corretamente.

A oração deve ser um desejo de plenitude espiritual. Primeiro, pela busca do Reino de Deus, renunciando ao desejo de receber algo, nos satisfazendo ao permitir que as coisas nos sejam dadas, assim nos abrindo para a plenitude. Quem de nós pode saber aonde a plenitude espiritual nos conduzirá? Ela pode nos manter no trabalho que temos, no modo de vida atual, ou nos conduzir a atividades novas e a uma vida inteiramente nova.

Contudo, na oração é importante que deixemos de lado todas as nossas noções preconcebidas ou ideias sobre o que queremos — esperanças, metas, ambições e desejos —, pois não há certeza de que Deus as satisfará de acordo com nossos termos. Se esperamos ver os frutos do que foi pedido em uma oração, lembrando que não temos que orar por nada, mesmo acreditando que nós ou o mundo precisemos; deixemos que a oração seja uma quietude interior, na qual a palavra de Deus flua para dentro de nós, relembrando-nos: "Filho, tudo que tenho é teu".[1] Quando Deus fala a Sua palavra, não há dúvida quanto à sua veracidade e não há espaço entre Sua Palavra e o cumprimento Dela.

Como "coerdeiros de Cristo",[2] imensas e abundantes riquezas do Espírito são derramadas sobre nós, mas ninguém sabe quais coisas Deus reserva para aqueles que amam Sua vontade e Sua maneira de agir.

> Olho não viu, ouvido não ouviu nem passou pelo coração do homem as coisas que Deus preparou para aqueles que O amam.
>
> I Coríntios 2: 9

O homem não pode saber o que o plano divino lhe reserva, pois só consegue medir o bem como um aumento daquilo que já possui. Quer seja dinheiro, quer sejam cavalos, acumular mais daquilo que para ele representa o bem-estar é o único modo de avaliar o que já conhece. Tais coisas, contudo, não têm relação em absoluto com o bem real, pois ninguém pode definir o que é, de fato, o bem. Ninguém pode conhecer os tesouros guardados dentro de si até voltar-se para Deus, na compreensão de que, sob qualquer forma, só a Graça de Deus lhe é suficiente; e no grau em que estiver disposto a seguir por qualquer caminho que seja o seu bem, este se revela, mesmo que seja um completo fracasso, um virar de ponta-cabeça a vida humana, suas esperanças e atividades.

Provavelmente alguma vez já ficamos felizes por nossas preces não terem sido atendidas. Desse modo, não deve ser tão difícil orar assim: "Faça-se em mim não a minha vontade, mas a Tua; Tu és o onisciente, a sabedoria infinita e a inteligência do universo, e eu me entrego — entrego minhas esperanças e desejos, meus medos, meus objetivos e ambições em Tuas mãos". Assim, fazemos da oração um esvaziamento do nosso ser.

Ao nos oferecermos a Deus como um recipiente vazio, deixando que Ele o preencha, fazemos a mais alta forma de oração. Não levamos para Deus nossa visão finita do que seja bom ou mau, nem nossas esperanças e ambições humanas, mas nos voltamos a Ele e Nele confiamos mais do que confiaríamos em nossa própria mãe, como divino Amor e divina Sabedoria deste mundo, o que na realidade Ele é.

Quando agimos assim, somos filhos de Deus, mas enquanto só nós falamos — contando, perguntando, suplicando, pleiteando e aconselhando —, somos mortais; entretanto nossas orações só O alcançam quando nos tornamos recipientes vazios e toda nossa fé e confiança se manifestam assim: "Seja feita em mim a Tua vontade, a Tua graça, a Tua paz"; esperamos então no Silêncio, completamente vazios, conforme a palavra de Deus venha a nós, nos preencha, cumpra Seu propósito e Seu plano em nós.

A razão de tanta infelicidade é que a maioria não atina para a ideia que têm de si, e muito menos a que Deus tem delas. Como seres humanos, muitas pessoas são desajustadas. Poucas vezes alguém, independentemente de quão importante possa ser sua posição, cumpre seu verdadeiro destino nesta vida. Geralmente cumpre o que ele mesmo escolheu ou um que lhe foi imposto pelas circunstâncias.

Assim, se estivermos entre aqueles que ocupam um lugar na vida imposto por circunstâncias além de nosso controle, ou no qual tenhamos nos colocado por ignorância, certamente precisaremos da oração de plenitude, a oração do esvaziamento. Precisamos aprender a deixar toda a situação nas mãos de Deus, admitindo de boa vontade: "Olha, eu certamente fiz bobagem com a minha vida até aqui... deixa-me desistir e me entregar ao Teu controle". É admirável como o milagre começa a produzir efeitos em nós e quão rapidamente se modifica o que considerávamos ser nosso destino.

Não há outra forma de orar. Quando oramos desse jeito, oramos para a infinita Sabedoria do universo, confiantes de que o Amor divino se manifeste plenamente em nós. Enquanto aconselharmos, sugerirmos ou explicarmos para Deus ou mesmo esperarmos que Ele aja conforme nossa vontade pessoal, não estaremos orando ou indo em direção a Ele, mas sim à nossa própria mente. Não é assim que se reza. Temos de nos render a Deus, de modo que a Vontade divina em relação a nós possa se manifestar, e qualquer que seja o propósito de nosso nascimento — pois todos nascemos por um motivo, ou não estaríamos aqui — possa ser manifestado.

A despeito de quão difícil ou doloroso possa ser o início de nosso caminho para Deus sem palavras ou pensamentos, sem direção, esperança, medo ou ambição, esse esvaziamento do "eu" vale a pena conseguir, mesmo que leve tempo. Quando atingimos esse ponto, sabemos que coisa gloriosa é não termos planejado nosso dia ou nosso próximo ano, mas tendo de antemão a certeza de que cada dia do ano será um dia de plenitude, pois será um dia de Deus; e nada temos a fazer a respeito, a não ser ficarmos como observadores do Seu trabalho. Aquilo que foi divinamente deliberado para que fizéssemos será feito. Ele preenche os dias e as noites quando estamos vazios o bastante de palavras e não trazemos pensamentos humanos à mente.

Quando começamos a meditar, é natural termos alguns pensamentos, mas tenhamos ao menos a certeza de não pedir nada a Deus:

Venho aqui para orar e meditar no pleno conhecimento de que não estou me dirigindo a uma pessoa, embora a relação entre mim e Deus seja tão pessoal como a de pai e filho, ou de mãe e filho, mas estou me voltando para o Espírito de sabedoria e de amor, cuja vontade é que eu usufrua fartamente de Suas dádivas.

Não venho à presença de Deus para esclarecê-Lo nem para apresentar-Lhe minhas opiniões, esperando dizer-Lhe mais do que Ele já sabe ou o que seria bom para mim. Não espero desse momento de oração e comunhão influenciar Deus a meu favor.

Volto-me para Deus para que Ele possa me preencher completamente com o Seu Ser, Sua sabedoria,

Sua paz e glória, e para que faça de mim um instrumento eficaz de Seu amor na terra.

Assim nos esvaziamos — esvaziamos os odres velhos do vinho velho — tornando-nos nada, sem desejos, esperanças, ambições ou medos; e, nesse estado de receptividade, abrimos caminho para que o Espírito de Deus trabalhe em nós, por nosso intermédio, conforme Seu plano e desígnio.

Deus está oculto sob centenas de gerações de mortalidade, sob centenas de gerações de pessoas imersas na ignorância espiritual, sob todas as camadas do humano, da presunção, da autopreservação, de todos os "eus" que construímos à nossa volta e dentro de nós, impossibilitando-nos de O alcançar. Como faremos então para encontrar Deus? Como, senão na quietude, intimidade e Silêncio? Como, senão aprendendo a morar na quietude interior, estando a sós? Só assim, pois faremos contato com o divino *Eu* que está dentro do nosso próprio ser e, ao estabelecer contato com Ele, estaremos em comunhão com o Pai interno como estava o Mestre.

Quantas orações têm sido feitas a um Deus externo, em outro lugar, em vez do interno, dentro de nós! Entretanto, o Mestre deu exemplo ao orar apenas ao Pai interno, creditando tudo ao Pai e se voltando para o Seu interior, fosse para alimentar as multidões, fosse para curá-las.

Cedo ou tarde todos faremos contato com esse Pai, o Cristo do nosso próprio ser, com o Filho de Deus dentro de nós, que constitui nosso ser verdadeiro e é nossa verdadeira vida, mente e Alma. O filho do homem tem que aprender a se comunicar com o Filho de Deus interior, até que os dois se tornem um só, e o filho do homem perceba: "Nunca estou só. *Nunca* estou só; onde eu estou, Deus está; onde Deus está, eu estou".

A palavra de Deus recebida em nossa consciência é o agente de cura — rápida, afiada e poderosa. Mas a palavra de Deus deve ser recebida; não deve ser uma mera repetição de palavras, porque não é o fato de recitarmos tais verdades que revela a Presença e o Poder de Deus, mesmo que essas verdades constituam a base sobre a qual repousamos até que a palavra de Deus brote em nossa consciência com alguma mensagem do tipo: "Tu és livre", ou "Filho... tudo que tenho é teu", ou "Tu és o meu bem-amado".[3] Às vezes não diz absolutamente nada, mas sentimos o influxo de paz e calor atravessando todo nosso organismo, ou percebemos um sorriso a aflorar nos nossos lábios como se disséssemos, refletindo: "Como pude eu acreditar que houvesse alguma realidade nesse problema?" Quando sentimos isso, que de fato flui até nossos sentidos externos vindo do Pai interior, a harmonia se estabelece e a cura acontece, tanto para nós como para os outros.

Contudo, para chegar a esse ponto é preciso, antes de mais nada, parar de nos voltarmos para Deus como se Ele estivesse em algum lugar esperando que nossos insignificantes e mesquinhos problemas sejam levados até Seu trono para que Ele os resolva. Temos que parar de acreditar que Deus esteja retendo algum bem e que por alguma forma de tratamento, oração, sacrifício ou coação nós possamos fazer com que Ele realize algo que já não esteja fazendo. Tudo aquilo que não faz sentido deve ser abandonado e temos que nos voltar para Deus no sentido de que ele *É*:

Deus É, e não estou me voltando para Ele para que faça algo que já não esteja fazendo. Permaneço no Ser de Deus e percebo que, onde estou, a graça de Deus me basta.

"Onde está o Espírito do Senhor, aí há liberdade".[4] E onde está tal Espírito? Em qualquer lugar nós o descobrimos a percorrer nossos caminhos; em qualquer lugar em que nós nos encontremos agora, com Ele estamos em paz; em qualquer lugar onde aprendamos a nos sentar em quietude e imobilidade, aí se encontra o Espírito de Deus. E onde está esse Espírito, há liberdade de qualquer forma de escravidão — física, moral ou financeira.

Ao aprendermos a escutar e desenvolver o estado de receptividade, podemos finalmente atingir aquele estado em que o fluxo começa a vir do interior. Nenhuma verdade falada ou escrita pode trazer Deus para nossas vidas. Tais palavras só nos dão a base para nos apoiarmos, enquanto esperamos pela percepção da Graça de Deus; mas é apenas quando o Espírito pousa em nós que as grandes obras acontecem.

Nem nossas palavras nem nossos pensamentos são poder, mas, se sentarmos na mais completa quietude, no silêncio trovejante, e mantivermos "nossa mente fixada em Ti", chegaremos finalmente ao lugar onde os pensamentos já não nos ocorrem e, em pouco tempo, começaremos a sentir aquela paz interior conhecida como percepção.

A oração é o nosso contato com Deus, o meio pelo qual a Graça de Deus faz Seus milagres na nossa experiência. Mas a oração deve ser uma atitude de escuta — deve ser uma vontade de que o Espírito de Deus nos preencha e cumpra Suas funções em nós e por nosso intermédio.

XV
Como nós perdoamos

Há aproximadamente dois mil anos o mundo ora "Perdoai nossas dívidas assim como nós perdoamos aos nossos devedores",[1] inconsciente, talvez, de que tal ensinamento representa o verdadeiro núcleo, o coração e a alma de uma vida boa. Muitas e muitas vezes Jesus exalta as virtudes do perdão.

> Assim, se trouxeres tua oferenda ao altar e lembrares que teu irmão tem uma pendência contra ti;
> Deixa a oferenda diante do altar e toma teu caminho; reconcilia-te primeiro com teu irmão e depois volta para fazer a oferenda. [...]
> Pois, se não perdoares as ofensas dos homens, teu Pai não perdoará a tuas.
>
> Mateus 5: 23-24; 6: 15

Isso estabelece claramente que, enquanto alimentarmos em nossa consciência a malícia, a inveja, o ciúme, a vingança e o ódio, haverá um bloqueio que impedirá que nossas orações sejam atendidas.

Apenas na oração verdadeira é possível abandonar todo sentido de separação entre os interesses de uma pessoa e outra. É quase impossível nos convencermos intelectualmente de que o interesse do outro seja igual ao nosso e vice-versa, ou acreditar que somos todos igualmente filhos de Deus, já que os sentidos materiais testemunham o contrário.

É apenas em comunhão interna com Deus que nos encontramos em comunhão interna com os homens. Aprendemos, então, que homem não significa branco ou preto, oriental ou ocidental, judeu ou gentio: homem significa homem, como o somos, filhos de Deus, infinitamente iguais, mas que não podem ser reconhecidos pela mente. Apenas pela comunhão com Deus nos é revelado que todos somos um.

Qualquer coisa que escravize uma pessoa escraviza o mundo; qualquer coisa que torne um homem livre liberta a todos; aquilo que empobrece um homem, uma raça ou uma seita, empobrece o mundo; qualquer coisa que traga um grão a mais de sustento para a vida de um indivíduo, raça ou nação tende a libertar o mundo da carência. Ninguém pode, porém, aceitar isso pela mente, nem pode um materialista se convencer dessa verdade. É preciso uma comunhão interna com Deus para que se revele por que, mesmo no meio de uma guerra, devemos rezar por nossos inimigos.

O primeiro pensamento que vem da mente do materialista quando ouve a respeito desses ensinamentos radicais é: "Está querendo dizer que devo orar pelos meus inimigos para que tenham sucesso contra mim, que tenham sucesso em suas fraudes, em seus truques, em suas conspirações?". Não! Os que têm visão espiritual não rezariam por nada disso, mas para que seus inimigos tenham a mente aberta, receptiva e responsiva à vontade de Deus.

Poucas pessoas se lembram de que orar por seus inimigos faz com que as verdadeiras portas do Céu derramem suas bênçãos sobre elas. Não importa se uma nação é inimiga ou aliada; deve prevalecer a mesma oração: "Que os inimigos tenham seus olhos abertos para que possam ter a visão espiritual".

Não tem importância se a ofensa é pessoal, nacional ou internacional. Deve haver o desejo de que todos os homens sejam despertos para sua verdadeira identidade e para a Fonte de todo ser. Mesmo para aqueles que o crucificaram, o Mestre invocou: "Pai, perdoai-os, pois não sabem o que fazem".[2] Aos irmãos, após o terem jogado no poço e vendido como escravo, José disse: "Não foram vocês que me mandaram para cá, mas Deus".[3] Ele não os responsabilizou pelo que haviam feito, mas deu-lhes comida para levar para casa, pagando o mal com o bem. Uma das mais importantes lições entre todas as que temos que aprender é que não há lugar na vida espiritual para que se pague o mal com o mal — não há lugar para outra coisa que não uma vida de perdão.

De manhã, ao nos levantarmos, até à noite, quando nos deitamos, deve haver momentos em que lembremos conscientemente:

Eu perdoo. Se eu tiver algo contra qualquer homem, mulher ou criança, aqui e agora, eu perdoo — completa, perfeita e totalmente. Se as faltas de alguém insistirem em voltar à minha memória, mais e mais eu perdoarei. Não busco punição para ninguém; não busco vingança; não busco justiça — liberto a todos e me desapego.

Pai, perdoa minhas ofensas, assim como eu perdoo àqueles que me têm ofendido. Pai, abre os olhos dos cegos. Pai, abre os olhos dos inimigos, quer da minha família, quer da dos outros.

Um dos desdobramentos deste mesmo assunto me ocorreu na noite anterior ao dia em que eu deveria dar duas palestras em uma cidade do Meio-Oeste. Não tinha, na minha cabeça, a menor ideia de qual deveria ser o assunto da palestra do dia seguinte e, embora eu estivesse bastante habituado com tal tipo de experiência, essa era uma daquelas que eu, em particular, não gostava. Naquela noite, contudo, ao meditar, a palavra *perdão* surgiu na minha mente.

O primeiro pensamento que me veio foi: "Estou completamente purificado? Estou nutrindo qualquer coisa, no meu pensamento, a respeito de alguém, de algum grupo ou de alguma nação que possa indicar que não os perdoei completamente?" Procurei dentro de mim, mas não encontrei ninguém a quem eu não tivesse perdoado.

Aí, meu pensamento voltou-se para outra direção: "Estou de fato perdoado?" Não há ninguém entre nós que não tenha cometido ofensas. Podemos não ter dado muita importância a uma ofensa específica em nossa vida humana, mas na vida espiritual as coisas que até o momento pareciam de pouca importância podem mostrar-se bastante significativas. Por isso me questionei se já tinha sido completamente perdoado e libertado de qualquer ofensa de que pudesse ter sido culpado.

Há um segredo acerca do perdão: nada, nem ninguém, pode nos perdoar. Assim, não há nenhuma possibilidade de sermos perdoados, a não ser sob uma condição, que é a de não haver a possibilidade de repetirmos a ofensa. Em outras palavras, independentemente de qual possa ter sido a ofensa, enquanto houver a probabilidade dentro de nós de que possamos repeti-la, não estaremos completamente perdoados.

Suponhamos por um momento que pudéssemos ter uma conversa com Deus a respeito de nossas faltas. Nós confessamos nossas faltas e almejamos o perdão, e Deus diz assim: "O quê? Perdoar para depois fazer tudo de novo?" "Oh, não, Deus, isso nunca acontecerá de novo — não pode acontecer de novo, pois descobri o quanto é errado."

Na hora, acreditamos de fato nisso, mas não podemos esquecer que Deus, por ser Deus, vê profundamente no centro do nosso coração e sabe que a mesma coisa que nos tornou culpados uma vez pode se repetir, se surgirem circunstâncias semelhantes. Assim, em Sua onisciência, Deus diz: "Ah, ainda há um bloqueio e você continuará sob a influência da culpa até que esteja completamente purificado".

E tocamos a vida pensando na resposta de Deus. Meditamos e observamos a situação de cima a baixo e de todos os ângulos, até que, de repente, vemos claramente não só a maldade cometida como a verdade de que apenas o estado de consciência que nos fez cometer a ofensa pode fazer com que a cometamos de novo e, se acharmos que tal estado de consciência não existe mais, teremos então "morrido" e renascido pelo Espírito. Poderemos, então, voltar e pedir perdão.

Só que dessa vez Deus diz: "Nem sei mais quem é você. Não há nada a perdoar".

Essa é a verdadeira ideia de perdão. Não há nada a ser perdoado por Deus. Quando o estado de consciência que poderia ser culpado de ressentimento, raiva, ciúme ou malícia tiver "morrido", não há nada e ninguém a ser perdoado, nem sequer uma lembrança — nem mesmo um vestígio.

É pura ficção acreditar em um Deus no céu que olhe para baixo e que nos perdoe enquanto praticamos o mal. De fato, podemos confessar nossos pecados e ser perdoados de imediato, mas o que dizer daqui a uma hora, quando o pecado se manifestar outra vez? O Mestre tinha uma resposta certeira para isso: "Para que não te aconteça coisa pior".[4] Ele não pregava um Deus que nos permite seguir o nosso caminho pecando impunemente e nos tranquilizando com um suave "Eu te perdoo".

Tornamo-nos limpos e puros como a neve toda vez que atingimos o estado de consciência no qual realmente não mais cometemos ofensas em pensamento ou em ações e confessamos, interiormente, nossos erros de ação ou de omissão, com um profundo arrependimento e a certeza de que não mais podem acontecer. Nunca ficamos presos a nada, se reconhecemos o erro e o renegamos. Toda vez que sentimos a dor íntima pelos nossos erros, somos perdoados. Isso encerra o episódio, mas traz consigo a ordem: "Não peques mais, para que não te aconteça coisa pior".

Não nos cabe perdoar ao outro ou sermos perdoados por Deus: há apenas um "morrer todos os dias"[5] para aquele estado de consciência que aceitou o bem e o mal e agiu com base nessa premissa; e só quando essa velha consciência tiver sido purificada ou estiver completamente "morta" atingiremos a autocompletude em Deus, na qual *sabemos* que "Eu e o Pai somos um, e tudo que o Pai tem é meu. Eu sou um filho de Deus, herdeiro de Deus, coerdeiro com Cristo em Deus".[6]

Podemos então olhar para o mundo inteiro, abraçá-lo com nosso novo olhar e ver que nele não há nada que cobicemos de alguém; não há pecado a ser condenado, criticado ou julgado, pois sabemos muito bem que o estado de consciência de quem o provocou não era propriamente da pessoa, mas fora *imposto*, e com isso me refiro a um tipo de consciência governado pelas crenças do mundo e sujeito à ignorância universal que caracteriza os seres humanos.

Quando estamos completamente cientes de que "Eu e o Pai somos um", quando já não mais desejamos qualquer pessoa, lugar, coisa, circunstância ou condição, renascemos pelo Espírito; somos purificados, pois nesse estado de consciência não mais temos nenhum desejo que poderia resultar em pecado. Não foi necessário um Deus para nos perdoar: foi preciso uma *morte* e um *renascimento*, e nesse novo estado de consciência não há necessidade de perdão, pois não há pecado.

Quando atingimos o estado de consciência que percebe nossa autocompletude em Deus, de modo a podermos verdadeiramente vivenciar a plenitude, sem resquícios de desejo ou carência, não há bloqueios entre nós e a Fonte interna e, por isso, não existem os bloqueios da condenação, da crítica ou do julgamento, nem desejos insatisfeitos, ganância, luxúria ou raiva. Há somente a consciência de que estamos em paz com o Pai e com toda a humanidade.

E assim, seguindo na minha meditação, veio à minha mente outra questão: "Será que *morri* para tudo o que é humano? Se morri, o perdão é completo; caso contrário, deverá ocorrer um processo contínuo de *morte* até que eu descubra minha autocompletude em Deus. Posso não ser capaz de glorificar a mim mesmo e me declarar puro, mas pelo menos isto posso fazer: com o coração aberto, perdoar qualquer ofensa que possa ter sido dirigida a mim, à minha família, comunidade, nação ou ao mundo e manter um total sentido de perdão".

Com essa percepção, fiquei em paz e, poucos momentos depois, pulei da cama para fazer uma anotação e nas próximas duas horas levantei-me mais quatro vezes, fazendo anotações que se transformaram em duas palestras que brotaram de um coração e mente em paz. Não havia barreiras, nem falta de perdão, nem pecado, nem julgamento de quem quer que fosse — nada além de pureza de visão, e nessa pureza de visão havia paz.

E foi assim que eu soube o quanto a questão do perdão é importante em nossa vida. Cada vez mais devemos perdoar e não submeter ninguém a julgamento, crítica ou condenação. Um coração que mantém qualquer julgamento a respeito de alguém não é um coração em paz. É perda de tempo procurar a paz da mente e da alma, ou qualquer paz que seja, enquanto não estivermos imbuídos da mensagem cristã de perdoar setenta vezes sete a todos aqueles que nos ofendem, e nossos devedores como gostaríamos que as nossas dívidas fossem perdoadas.

Levantamos barreiras que impedem que o reino de Deus seja estabelecido dentro de nós pelo julgamento que fazemos de pessoas e condições, e pelos desejos que ainda permanecem em nós — não meramente os desejos sensuais, mas mesmo os desejos considerados bons. Todas essas coisas agem em nossa mente para impedir que percebamos que aquilo que procuramos, de fato, já somos.

Em outras palavras, a graça de Deus não é algo que vamos atingir; não é algo que possamos ganhar ou merecer. A graça de Deus foi plantada em nós desde o começo, antes de existir Abraão. E é só esperar que se manifeste em nós, o que não pode acontecer enquanto mantivermos o sentido de separação do nosso bem. Somente conheceremos a harmonia quando tivermos perdoado e formos perdoados completamente, estando assim purificados para nos apresentar ao altar.

Devemos reservar um período todo dia para, conscientemente, nos lembrarmos de não manter ninguém preso aos seus pecados, de não querer que alguém sofra ou seja punido por eles. Perdoar significa muito mais do que nos contentarmos com a declaração: "Oh, sim, não quero qualquer dano para ninguém". Isso não é tão simples. É a habilidade de enfrentar qualquer que seja o inimigo e perceber: "Pai, perdoa-lhe as ofensas e abre os olhos dele para que possa ver".

Ninguém deve relutar em perdoar as transgressões aos ofensores com medo de que isso lhes permita repetir a ofensa. De fato, isso os libertará, mas tal condição inclui a liberdade do desejo de ofender. É impossível para quem quer que seja receber o perdão verdadeiro e continuar a ofender.

Pai, venho à Ti de mãos limpas, não mantenho ninguém preso por obrigações, ninguém retido como penalidade por seus pecados. No que me concerne, Pai, desejo que os perdoe. Qualquer que seja o pecado, é passado, e deixe-o para trás, esqueça-o; e, se alguém vier a cometê-lo mais setenta vezes, perdoa-o também setenta vezes.

Não quero desforra nem vingança. Procuro apenas me manter como um instrumento puro de Teu amor e de Tua graça, para ser digno do Teu olhar.

Perdoo a todos que tenham me ofendido, conscientemente ou não, e estendo o perdão a todos os que tiverem agredido minhas convicções religiosas ou políticas, ou minha nação. Rogo a Ti, Pai, que os perdoes.

Humanamente há quem tenha para comigo dívidas de amor ou de obrigação — também os perdoo. Assim, ninguém mais me deve coisa alguma, nem mesmo a obrigação do relacionamento. O amor que quiserem me dispensar recebo com carinho, mas, por obrigação, nada espero de ninguém. Libero meus amigos, parentes e todo o mundo — nada me devem. É meu privilégio e minha alegria servi-los conforme a Tua orientação.

Ofereço-me como um instrumento vazio — usa-me.

XVI
Que possam ser filhos de teu Pai

Nenhuma parte do Sermão da Montanha é mais desafiadora que o ensinamento de não apenas amarmos nossos semelhantes como a nós mesmos, mas também nossos inimigos. A reação a um tal mandamento depende da resposta que dermos à pergunta: Existem dois poderes? Existirá algo ou alguém fora do alcance do poder de Deus? Quão grande é o Deus que temos? Quais limitações colocamos ao Seu poder? Até que ponto acreditamos que Deus possa atuar deste lado da rua, mas não do outro?

De acordo com o Mestre: "Não chameis de pai ninguém sobre a terra: vosso Pai é um só e está no *céu*".[1] Assim, ninguém tem um pai americano, inglês ou russo; branco, preto ou amarelo; oriental ou ocidental: há apenas um Pai — o Pai no céu, que é o princípio criativo, regendo cada um de nós e a tudo o que existe.

Certamente há pessoas que, por não conhecerem esse princípio, não conhecem ainda essa verdade sobre elas mesmas e, consequentemente, não conseguem demonstrá-la; porém nós sabemos que ainda não a conhecem. Se formos ao altar para orar sem termos aceitado em nosso coração que todos os homens são filhos do mesmo Pai e, consequentemente, irmãos, melhor faremos em parar de orar por nós mesmos, nos afastar do altar, nos aquietar e decidir dentro de nós que, antes de podermos esperar encontrar a Deus, devemos nos reconciliar com nossos irmãos.

Só podemos amar nosso próximo, mesmo um inimigo, se evitarmos pensar nele apenas como ser humano — seus pais, sua educação, o meio onde cresceu e vive, assim como os demais fatores que possam ter contribuído para a discórdia ou harmonia atuais — e manter nossa mente firme em Deus, percebendo que tudo que é, emana Dele e que todos vivem, se movem e têm Nele o seu ser.

Reconheçamos não apenas que há pecadores, cujas ofensas são tão sérias quanto as nossas, mas que há pessoas muito piores do que nós neste momento, algumas das quais parecem estar muito além da possibilidade de regeneração e muito menos de redenção espiritual. Mas, no que nos diz respeito, Deus é o único Pai, Alma e Espírito do homem.

Para sermos espiritualmente completos, harmônicos e inteiros, e gozarmos o reino de Deus no mundo, é necessário que, além de ter o conhecimento da verdade sobre nós mesmos e sobre os que estão a nossa volta, ampliemos nosso campo e reconheçamos a verdade universalmente, de forma a não mais considerarmos ninguém como separado, apartado de Deus ou indigno de ser Seu filho e, consequentemente, estabelecer uma casa dividida.

Este não é um mundo feito de coisas e pessoas separadas. Pelo contrário, se parece mais com os dedos, que saem da palma da mão aparentemente separados, mas que são parte dela. Qualquer coisa que ocorra na palma, flui para os dedos. Ou se parece, então, com as ilhas do Havaí: vistas de cima, parecem ser seis ou sete separadas e distantes umas das outras; se, porém, pudermos nos aprofundar sob as águas, veremos que elas constituem, na realidade, um bloco único de terra, uma única ilha com seis ou sete projeções para o alto, unidas na base.

Se pudéssemos ver além da superfície e enxergar o coração de toda a humanidade, não há dúvida de que perceberíamos que estamos todos unidos no solo comum de Deus. Há um Solo que nos é comum e tal Solo é Deus. Cada um de nós é simplesmente uma projeção, uma individualização desse Um e, quando mergulhamos no nosso interior, logo descobrimos que não estamos sós, mas em contato com a Fonte da infinitude — somos um com Ele, que se manifesta como nossa experiência individual.

Se honestamente buscarmos a Deus como um modo de vida e não apenas como um meio para um fim almejado, não só descobriremos que somos um com o Pai como também que não há homem, mulher ou criança no mundo que não seja um com Deus e que não tenha um centro espiritual. Por pior que seja o ser humano, não faz diferença, pois em cada pessoa há uma centelha espiritual, que é o solo comum da união com Deus.

É fácil, agradável e gratificante reconhecer essa verdade sobre nós mesmos, nossos amigos e parentes; mas é muito mais importante para o nosso crescimento espiritual conseguirmos ir além e perceber que isso também vale para aqueles de quem gostamos menos. Independentemente da origem e condição de vida, Deus é o princípio criativo de todos os homens, e tudo que o Pai tem é deles.

Deus constitui o ser individual e, quando estamos em presença daqueles que compreendem isso, estamos em paz e podemos viver, trabalhar e nos alegrar nessa atmosfera. Quando liberamos todos incondicionalmente das obrigações humanas e nos ligamos apenas por uma relação de amor, todos sentem uma liberdade que traz uma grande alegria, por ser espontânea e não uma exigência.

Até que se tenha tido tal experiência, não se pode saber o amor que há nem compreender quão livre é a relação entre aqueles que experimentaram Deus. No nível humano, o amor à família não é, na maior parte das vezes, o amor verdadeiro, mas sim um amor-próprio, um desejo de posse. Somente quando o Espírito de Deus nos toca, podemos sentir o amor espiritual, que não é limitado à família, mas se estende a todos os semelhantes e inimigos, próximos ou distantes. Geralmente, o amor humano é totalmente pessoal e egoísta, dispendendo tempo, dinheiro e esforços para si mesmo, raramente para os outros.

Contudo, quando o Espírito de Deus nos toca, o amor universal brota em nós, amor sem objeto — a menos que consideremos o mundo todo como seu objeto. Surpreendentemente, esse amor universal aprofunda e reforça o amor que sentimos pela nossa família; é um amor tão completo que cada membro tem o sentimento de pertencer e ao mesmo tempo estar separado, na medida em que cada um é um com Deus. As famílias conseguem viver desse modo? Muito, muito raramente. Vivem a temer os outros e a temer pelos outros, com saudades ou desejo de vê-los ou de estar com eles. Isso não acontece com o amor espiritual, no qual há sempre a alegria de estar em comunhão.

Só há um princípio de vida, tanto para nossa família como para a dos outros, e, embora sabendo que Deus é a Alma de todos os seres, não significa que Deus seja o pai dos mortais. Significa que todos os mortais, bons ou maus, podem finalmente "morrer"[2] para a crença na mortalidade e despertar para o conhecimento de sua verdadeira identidade. O conhecimento da verdade não implica saber a verdade sobre o ser humano ou sobre qualquer condição mortal, pois ela não existe. Conhecê-la significa conhecer a verdade sobre Deus e Sua criação, e tal conhecimento desperta o homem e o eleva acima de sua mortalidade.

Todos têm uma Alma — não uma alma separada, mas a mesma Alma — e Deus é essa Alma. Podemos compará-la a um botão de rosa completamente fechado, tão fechado e pequeno a ponto de ser imperceptível para o ser humano. Essa Alma não é o corpo: é a consciência e, quanto mais puder ser tocada pela Verdade, mais se abrirá, da mesma maneira que a luz do sol envolve o botão de rosa e o faz abrir. Só quando aprendemos a viver mais e mais pelo Espírito é que vemos, e por vezes tocamos, esse centro que é a Alma do homem. Quando olhamos para alguém como uma entidade física, não vemos a pessoa real: vemos apenas o seu corpo.

Para podermos ver corretamente uma pessoa, é preciso desenvolver o hábito de olhar dentro de seus olhos e, então, se conseguirmos penetrar as profundezas que estão lá no fundo, veremos a pessoa em sua verdadeira identidade, observaremos a realidade do seu ser e perceberemos que os nomes são apenas máscaras para personagens na consciência-Deus, Ele próprio revelado na forma. Atrás da máscara chamada Guilherme, João ou José, só há um nome: D-e-u-s.

Quando nossa sabedoria for suficiente para entender que nossa Alma é uma e única com a Alma dos outros, estabelecer-se-á uma relação de harmonia, paz e graça, e essa relação não só será permanente, mas mutuamente benéfica; por outro lado, enquanto nos olharmos apenas humanamente, ficaremos decepcionados. Somente na percepção de que Deus é a Alma do homem e de que a Alma do homem é a fonte do seu bem, nos libertamos da escravidão do modo de vida material e dos bens materiais.

Assim, cada vez que formos ao açougue ou à padaria, fizermos negócios com o corretor ou com o banqueiro, entrarmos em nossa casa ou na igreja, ou ao cuidar de nossas tarefas, estaremos vendo o homem-Cristo, *uma pessoa sem rótulos*, alguém que, conforme já sabemos no íntimo, tem a Alma, a mente e o Espírito de Deus.

Quando chega até mim alguém pedindo ajuda, não levo em conta sua identidade humana. Reconheço, obviamente, que se trata de uma pessoa, mas a pessoa que vejo não tem características próprias, mas sim características de Deus manifestas ou não no momento.

No meu trabalho junto a instituições penais, aprendi a nunca olhar um homem como um encarcerado por furto, assassinato ou outro tipo de crime. Para mim, não havia presos culpados de crimes. Havia homens, e eu não procurava indagar sobre seu passado mais do que sobre o passado dos estudantes que vinham até mim. Sabia o que constituía, de fato, tais homens, assim como sei o que constitui meus estudantes, por vezes melhor que eles próprios, pois ainda estão, de certa maneira, imersos em sua identidade humana, que acham ser composta parcialmente de bem ou de mal e de características indiferentes. Mas não são nada disso: são pessoas que tiveram suas mentes formadas, moldadas por experiências pré-natais, pelo ambiente dos primeiros anos de vida, pela infância, pela vida escolar e, mais tarde, pelas experiências pessoais mundo afora. Todas essas influências formaram não uma pessoa, mas uma caricatura da pessoa.

Seria como acreditar que Laurence Olivier fosse Hamlet, quando apenas se caracterizou como o personagem, vestindo suas roupas e maquiando o rosto. Com todos esses artifícios, continua sendo Laurence Olivier, mas um espectador muito jovem, que tenha ido ao cinema pela primeira vez, poderia acreditar que esse homem vestido de Hamlet fosse, de fato, Hamlet, enquanto um adulto saberia que, ao cair o pano, toda a maquiagem seria removida e Sir Laurence voltaria a aparecer.

E assim é também conosco. Todos temos características humanas — algumas boas, algumas más, outras indiferentes, algumas que admiramos mutuamente e outras de que não gostamos. Mas isso não é, de fato, você ou eu. Essa é a máscara que criamos desde que nascemos; é a nossa apresentação para o mundo, é o papel que interpretamos, por uma ou outra razão. Mas, se pudéssemos deixar isso de lado, se depois do espetáculo pudéssemos ir para nosso camarim e remover a maquiagem, nos veríamos como portadores apenas das qualidades divinas, sem qualidades só nossas — nem boas, dignas de elogio; nem más, dignas de condenação.

Como seres humanos, não somos espirituais nem perfeitos, a despeito do que possamos ter aprendido na metafísica. Como seres humanos, não somos nenhuma dessas coisas — somos pessoas: você é uma pessoa e eu sou uma pessoa, mas por trás da máscara há Deus, que constitui a pessoa que somos.

Tomemos cuidado para não atribuir a ninguém características boas. Ninguém é espiritual, ninguém é perfeito e ninguém é bom: somos pessoas — homem, mulher, criança — mas o que somos, de fato, é tudo o que Deus é. Assim, em vez de usarmos as palavras "ele", "ela" ou "você", retornamos à palavra Deus, vemos o que Deus é e concluímos que é isso que a pessoa é — Deus, o invisível, aparecendo externamente como Deus, o visível; Deus, o Pai, e Deus, o Filho — um só.

Toda pessoa usa uma máscara, ocultando sua verdadeira identidade. De fato, a palavra latina *persona* significa "máscara"; mas, quando removemos a máscara da personalidade humana, descobrimos que tudo o que Deus é, a pessoa é. A personalidade humana, com seu bem e seu mal, beleza e feiura, riqueza e pobreza e os demais pares de opostos, desaparece quando se faz a constatação: "Aí está um ser individual. Deus expressando Sua perfeição e harmonia". O simples fato de podermos olhar agora para uma pessoa e no próximo minuto ela roubar nossa carteira, não altera a realidade de sua identidade; prova apenas que ainda não despertou para essa identidade verdadeira.

É nosso dever, a nós e aos outros, fazer com que o mundo reconheça o homem não pela carne, mas sim que reconheça cada um como, de fato, deve ser reconhecido, não lhe atribuindo características boas ou más, tanto para amigos como para inimigos, cessando de pensar sobre sua história passada, presente e talvez futura, olhando para o outro apenas como uma pessoa e vendo-o em sua verdadeira identidade espiritual: "Deus é a alma desse indivíduo; Deus é sua mente e inteligência. É Deus que Se derrama para Se expressar como ser individual". Haverá no mundo algo mais desejável para a alma humana do que o reconhecimento do seu verdadeiro Eu?

A princípio, poderemos achar que isso é ser por demais impessoal, mas não é nada disso. Trata-se, isto sim, de ser verdadeiro, pois, observando tal princípio, observamos as pessoas como elas são realmente. Pedro soube dizer "Tu és o Cristo, o Filho de Deus vivo"[3] porque já era capaz de ver através das aparências humanas e pôde ver aquilo que inspirava Jesus e fazia Dele um salvador e um líder mundial. Os sinais externos mostravam Jesus como um carpinteiro e como um rabino na sinagoga judaica, mas, por causa do seu discernimento espiritual, Pedro pôde ver além das aparências e perceber que era o Cristo que realmente atuava como homem Jesus.

Se virmos o Mestre sob essa luz e pararmos por aqui, perdemos a evidência de que não apenas Jesus foi inspirado pelo Cristo, mas também você e eu. De fato, não há uma pessoa no mundo de quem não se possa dizer "Deus, o Pai; Deus, o Filho; Deus, o Espírito Santo".[4]

Não há ninguém que, em sua identidade espiritual, não seja filho de Deus, apesar de no cenário humano isso não ser evidente. O ser humano, vivendo o seu dia a dia, é o homem de carne que não está sob o governo de Deus, que não consegue agradar a Deus e, por isso, é confuso, perplexo, frustrado, doente e muitas vezes pobre. Com os filhos de Deus não é assim: não estão enredados nos problemas do mundo, são livres. Os filhos de Deus são os que renunciaram a todo julgamento sobre bem e mal e estão convencidos em suas mentes da verdade sobre cada aparência: "Não é nem bom nem mau — é só uma pessoa. Não é nem bom nem mau — é uma flor, uma pintura, um tapete. Não é nem bom nem mau, porque só Deus é bom, e o mal não passa de uma ilusão deste mundo". Quando conseguirmos fazer isso, teremos feito a transição entre ser um homem da terra e ser um filho de Deus.

Sem dúvida, há homens e mulheres que não são do nosso agrado e, contudo, em algum momento da transição ou conversão, seu passado é apagado e, de repente, tornam-se pessoas novas. Seu aspecto é o mesmo: têm os mesmos olhos, os mesmos traços, as mesmas pernas e o mesmo corpo e muitas vezes nem reparamos que lhes tenha ocorrido algo diferente, já que a mudança é interior, uma transformação da consciência.

A transformação ocorre sem que a pessoa seja transportada para algum tipo de mundo celestial ou transformada em corpo celestial, mas por meio de uma mudança de consciência que leva à reflexão: "Eu sou uma pessoa e, uma vez que Deus é o princípio criativo do meu ser, tudo o que Deus é, eu sou — tudo o que o Pai tem, é meu".[5]

Ser transformado de homem da terra em homem de Cristo não é coisa do outro mundo: *este* é o universo de Deus; o jardim do Éden é aqui e agora. Nunca poderia haver lugar melhor do que este mundo, de onde podemos retirar nossos julgamentos — nosso louvor e condenação — do bem e do mal. Esse é o mundo sonhado por todos os visionários, mas ninguém pode atingir o estado edênico enquanto estiver hipnotizado pela ideia de bem e de mal. Isso só pode vir como consequência de abandonar, não só o julgamento e a condenação, mas também todo elogio.

Quando não mais estivermos sob a influência hipnótica dos pares de opostos, o mundo não terá mais o poder de nos escravizar. Esse mundo é superado na proporção em que abrimos mão da crença no bem e no mal; na realidade, não há mudança no mundo em si. Ele parece ser o mesmo, mas a grande diferença é que não o vemos mais do modo antigo. Para nós há nele uma luz diferente; temos agora uma outra perspectiva, um ponto de vista diferente. As pessoas são as mesmas — os mesmos funcionários nas lojas, o mesmo marido, a mesma mulher ou filhos — e, contudo, a visão total se altera no momento em que percebemos a natureza divina da Alma humana. A transformação ocorreu em nós.

Quando percebemos que apenas o mundo hipnótico traz essas aparências mutáveis, não mais lutamos contra elas, mas compreendemos que nenhum hipnotizador jamais criou nada, a não ser imagens, e que o mesmerismo mundial jamais criou homem, mulher, criança, pecado ou doença, apenas um quadro ilusório que foi denominado homem, mulher ou criança, pecado, doença e morte.

Quando removemos de nós mesmos, ou de qualquer indivíduo, a hipnose do mundo ou a crença em dois poderes, nos libertamos. E, nesse dia, teremos um novo nome escrito na fronte — cinco letras que formam duas palavras — "Eu Sou". A verdade é esta: Eu Sou — não eu era ou eu serei. Eu Sou, neste exato momento, e quando nós nos percebemos como Eu Sou, esse Eu Sou torna-se um estado de continuidade, um eterno *sou*, e a ilusão desaparece.

Como pode esse princípio ser aplicado em nossos relacionamentos humanos e, mais especificamente, às pessoas que pouco manifestam sua filiação divina? Para verificarmos isso tudo, pensemos na pessoa mais problemática de nossa vida, aquela de quem gostaríamos, acima de tudo, de nos livrar, melhorar, modificar, corrigir ou reformar — a pessoa que trocaríamos facilmente por uma moeda falsa. Vejamos onde ela está. Em primeiro lugar, como sabemos, a não ser por nossa mente, que se trata da pessoa que julgamos que seja? Ela é real, ou aquilo que temos em nossa mente representa nosso conceito, ou seja, nossa opinião sobre ela?

A esta altura, se estivermos lendo silenciosamente este livro, provavelmente não há ninguém nos irritando na realidade; mas, se continuamos nos sentindo perturbados por alguém é porque estamos alimentando um conceito sobre essa pessoa, conceito causador do conflito dentro de nós. Se nos sentimos incomodados por alguém, podemos ter certeza de que nosso conceito está completamente errado, pois em sua identidade verdadeira a pessoa é o próprio Deus a se expressar individualmente sobre a Terra, o próprio Cristo de Deus contra o qual damos falso testemunho. Desse modo, nós somos os pecadores, não *ela*, já que damos falso testemunho contra ela ao mantermos um quadro incorreto da própria imagem e semelhança de Deus, uma imagem tão diferente daquilo que a pessoa realmente é que, se fizéssemos um desenho de como a vemos e lhe mostrássemos, ela jamais se reconheceria.

Provavelmente a mesma coisa se dá com a maioria das pessoas que nos conhecem. Se escrevessem aquilo que pensam de nós, não nos reconheceríamos nessa descrição. Se nos amam, a descrição será muito melhor do que somos, e sabemos disso. Se não gostam de nós, a descrição será muito pior que a realidade, e sabemos disso também. Contudo, neste momento estamos cometendo exatamente o mesmo erro. A pessoa que consideramos muito boa não merece, humanamente, esse prejulgamento; e a outra, contra quem levantamos falso testemunho, tampouco o merece.

Esqueçamos o bem que acreditamos sobre alguns ou o mal sobre outros, e vejamos qual é a realidade espiritual. Podemos fazer isso focalizando uma pessoa que nos pareça a mais censurável.

primeira coisa que descobrimos é o erro que cometemos quanto ao parentesco, pois Deus é Pai dela. Qualquer herança que exista é de Deus, e as qualidades inerentes de qualquer um são as de Deus, concedidas à Sua imagem e semelhança, o que inclui vida, amor, verdade, justiça, compaixão, integridade, generosidade e benevolência. As próprias características de Deus são Seus presentes para Seus filhos.

Deus constitui o ser individual; portanto, a graça de Deus está nessa pessoa e Ele a preenche com Suas próprias qualidades. Ela vive, se move e tem o seu ser na casa de Deus como membro da Sua família. Essa é a verdadeira individualidade, o verdadeiro ser.

Essa verdade sobre a criação de Deus dissolve qualquer conceito humano que possamos manter a respeito de quem quer que seja; e, ao sabermos a verdade, o falso conceito mental que criamos se vai, é dissolvido. Da próxima vez que olharmos para tal pessoa problemática, o amor fluirá de nós, pois a veremos como ela realmente é e, ao observá-la como é, ficaremos satisfeitos com sua aparência.

A personalidade, o corpo, a carteira, assim como as virtudes e as desgraças humanas podem ser esquecidas, e aquele cuja percepção for além e acima disso tudo, perceberá que: "Esta é uma pessoa cuja realidade é Deus". E uma tal percepção pode despertá-la para sua verdadeira identidade e desfazer por completo a ilusão dos sentidos, que a aprisionam.

A verdade que estamos descobrindo não diz respeito ao ser humano, mas a Deus, que se manifesta como esse indivíduo. Nossa mente vem nos pregando uma peça: aceitamos conceitos e neles acreditamos, mas agora podemos ver que nada são, a não ser imagens mentais. O quadro que temos em nossa mente nunca foi essa pessoa: foi sempre um conceito mental que construímos, e assim desaprovamos o conceito que nós próprios havíamos criado. Ao saber que essa imagem em nossa mente não é verdade — não tem substância ou realidade —, podemos começar a aceitar Deus como o Princípio criativo da vida e a compreender por que nos foi dito para amar, não só nosso próximo como a nós mesmos, mas também nossos inimigos. Em nosso coração podemos dizer para essa pessoa: "Eu te conheço pelo que és, o Filho de Deus, o Cristo. Meu Pai interior o revelou a mim".[6]

XVII
Teu Pai sabe

Há um modo de vida que não se baseia na força ou no poder, mas na graça de Deus. Contudo, quando decidimos que é isso que queremos, e como o queremos, quando buscamos influenciar Deus e Lhe dizer como deveria agir, nos colocamos na posição de quem possui sabedoria e inteligência superiores às Dele e, desse modo, interrompemos o fluxo de Sua graça.

Se compreendermos a natureza divina, Deus nunca precisará ser lembrado daquilo que diz respeito a nós, e nunca seremos tentados a nos apossar das prerrogativas da inteligência onisciente e do amor que "sabe que necessitamos todas essas coisas".[1]

O ato de pedir algo a Deus é sinal de que O consideramos Inteligência e Amor, ou tais pedidos não implicam que acreditamos que Ele esteja retendo alguma coisa de nós? Podemos de fato estar preocupados com alimentos, roupas ou qualquer coisa do mundo, quando nos foi assegurado que o Pai celeste conhece todas as nossas necessidades? Jesus não nos ensinou a não nos preocuparmos com nossas vidas, com o que havemos de comer ou de beber, nem com nosso corpo, com que o havemos de vestir?

Por que buscarmos o pão, o vinho ou a água, a amizade, o dinheiro, quando recebemos a promessa de que na Sua presença há plenitude de vida, e que

Seu maior prazer é compartilhar Suas riquezas conosco? Em razão da infinitude de Deus, tudo que existe já é onipresente. É impossível para Deus nos dar ou enviar alguma coisa — Deus não fornece uma maçã ou um carro. Deus é a maçã; Deus é o carro — Deus aparece como tal.

É inconcebível que haja Deus e algo fora Dele. Por isso, a única prova que há para fazermos é a demonstração da presença de Deus. Ao demonstrarmos a presença de Deus, comprovamos a vida eterna, a infinitude do suprimento, a irmandade, a paz, o contentamento, a proteção e a segurança. Na Sua presença há plenitude de vida — não falta nada. Quando temos a presença de Deus, Ele Se manifesta *como* bem, *como* roupa, *como* moradia. Porém, há uma exigência: *ter a Sua presença* — não afirmações sem significado ou verbalizações das profundas verdades das Escrituras, mas Sua presença.

Onde há Deus, há plenitude e, com a percepção da Onipresença, todas as coisas já existem. Ele age continuamente para manter e sustentar a natureza eterna e infinita deste universo, aparecendo *nas* diversas formas. Aparece como o maná diário: *Eu* sou o pão da vida — não terei, ou deveria ter ou demonstrarei isso, mas *Eu sou isso*; e esse *Eu* interior aparece diariamente em nossa mesa como pão, externamente como transporte ou roupa. No princípio, antes do início dos tempos, Deus deu a Si mesmo para nós e nessa doação foi-nos concedida a infinitude.

Temos de admitir, contudo, que o homem, por causa do seu sentido material da existência, aceitou erroneamente a crença de que deve sair para ganhar a vida com o suor de sua fronte, se esforçar e competir com os demais. Em outras palavras, é materialista, quer sempre obter algo, adicionar, alcançar, adquirir para si mesmo. Ao contrário, a pessoa voltada à vida espiritual tem pouco ou nenhum interesse em acumular coisas, seja fama, seja fortuna, uma vez que sabe que tudo que o Pai tem já é dela.

Um mundo material é construído sobre a crença instável em esperanças e temores humanos, porém todo templo material se dissolve por completo quando reconhecemos que, por ser o Senhor nosso pastor, não precisamos buscar nada, a não ser a glória na verdade de que manifestou Seu próprio ser *como* nosso ser individual sobre a Terra. Deus é espírito e, quando nossas orações e interesse estão voltados para a percepção espiritual, abandonamos o conceito material do mundo e começamos a compreender que o mundo do espírito é um mundo diferente, um mundo novo no qual a graça de Deus nos basta.

Que diremos a respeito da Graça? É chamada presente de Deus, mas Deus só tem um presente: Ele Se doa para nós. Com a nossa sabedoria humana não conseguimos conhecer o que é Sua graça, pois, enquanto tentamos compreendê-la por meio da linguagem e significados humanos, nunca seremos capazes de entender a genuína graça espiritual de Deus.

A graça divina se desdobra de maneiras que desconhecemos, em direções impensáveis e em formas desconhecidas ou, mesmo que soubéssemos algo sobre ela, nunca imaginaríamos que viriam a fazer parte da nossa experiência. Em cada caso, a graça de Deus é um desdobramento individual. Não acontecerá para alguém sob aspecto de rosas se esse alguém não gostar de rosas, nem como uma passagem para uma volta ao mundo se a pessoa prefere ficar em casa. A graça de Deus flui como atividade espiritual, mas governa nossos negócios humanos de maneira que não nos é possível descrever ou desenhar.

Ao ponderar sobre a Graça, cresce dentro de nós uma sensação de independência das preocupações e das coisas deste mundo. Começamos a sentir que, se não houver uma pessoa sequer em nossa vida para nos trazer alguma coisa, apesar disso, pela Graça de Deus, pela manhã todas as necessidades terão sido satisfeitas.

Se mantivermos a consciência em Deus, perceberemos que nada há a não ser Deus Se manifestando como flores, como alimento ou como roupa; Deus aparecendo como relação harmoniosa, como perfeito funcionamento de nosso corpo e de nossa mente. Lutar e batalhar não nos proporcionará isso tudo. Tudo o que temos a fazer para que isso ocorra em nossa vida é guardar a espada, nos aquietar e observar a salvação do Senhor.

Não há na vida terrena objetivo mais alto que a comunicação com essa Presença, que nunca nos deixa ou desampara. Não nos traz alimento, roupa ou abrigo; Ela *é* o alimento, a roupa, o abrigo. Não nos conduz à fortaleza ou à torre alta; Ela *é*, literalmente, a fortaleza e a torre alta. Não nos traz nada; não há doação de coisa alguma, a não ser a doação de Si mesma.

Quando descobrimos a onipresença de Deus, nos livramos de toda preocupação, medo, perda e limitação. Se aparecer uma necessidade, nos recolhemos ao tabernáculo interior com a Presença e, no momento certo, Ela aparece externamente sob a forma exata do que é necessário para nós.

No estágio de consciência no qual somos capazes de abandonar a força e o poder humanos, assim como as opiniões e os julgamentos, a Graça divina Se manifesta, invisível, embora perfeitamente tangível para quem a vivencia. Não podemos ver, nem ouvir, saborear, tocar ou cheirar esse Espírito transcendental, embora esteja aqui e agora — nós o sentimos e temos a certeza Dele. Quando abrimos mão dos direitos, vontades e desejos humanos — mesmo os bons — e nos abandonamos completamente à vontade de Deus, esse Espírito nos invade como se encontrasse um vácuo e, quando isso ocorre, podemos sentir Seus movimentos a nos percorrer o corpo, desde os músculos, as veias até as unhas. Somos um com o ritmo do universo e tudo está bem. Tudo que o Pai tem flui agora, por nosso intermédio, para este mundo como Graça divina, trazendo-nos tudo o que é nosso e nos levando para todos aqueles a quem pertencemos.

Assim aprendemos a não nos preocupar com as coisas do mundo; não precisamos lutar, nem agressiva nem defensivamente. Podemos permanecer quietos, sem pensamentos, só receptivos, deixando Deus fluir através de nós e permear nosso ser. Então completaremos nosso trabalho, nos lembrando que o Espírito nunca trabalha *para* nós, mas *em* nós e por nosso intermédio, conforme nos entregamos e nos rendemos — até mesmo nossos pensamentos — de modo que Deus possa Se manifestar.

Os que atingiram, mesmo em pequena escala, a cristicidade ou realização espiritual estão no mundo sem ser do mundo. Pouco sabem de pecado, doença, tortura, perda ou limitações da vida humana, e tais tragédias não os tocam de maneira pessoal. Estão conscientes de que tais coisas existem e, por causa do seu contato com Deus, podem ajudar os outros — alimentando multidões, curando-as e reconfortando-as — mas eles mesmos não necessitam de suprimento, conforto ou qualquer dessas coisas que a raça humana considera tão necessárias. Eles entregaram o poder, os desejos pessoais e aceitaram o amor, a Graça de Deus e Seu governo como tudo em suas vidas.

XVIII
Vós sois a Luz

> Vós sois a luz do mundo. A cidade construída na colina não pode ser escondida.
> Nem homem algum acenderá o lume para colocá-lo sob o alqueire, mas sobre o candelabro; e dará luz a todos que estão na casa.
> Deixai vossa luz brilhar perante os homens, para que possam ver vossas boas obras e glorifiquem vosso Pai que está nos céu.
>
> Mateus 5: 14-16

À proporção de nosso grau de iluminação, tornamo-nos a luz do mundo. Alguns estudantes atingem essa iluminação rapidamente; outros esperam, esperam muito para que a grande experiência desça sobre eles. Quando isso ocorre, contudo, acontece de repente, embora a preparação para tanto tenha consumido anos e anos de meditação e estudo, durante os quais parece ter havido pouco ou nenhum progresso. Apesar disso, desde o primeiro momento em que nos voltamos seriamente para obter a percepção, nosso progresso é rápido, embora imperceptível exteriormente.

É como remover uma montanha. A partir da primeira pá de terra que é removida, há progresso no nivelamento. Porém uma montanha é feita de incontáveis pás de terra e pedra, e até que muitas delas tenham sido removidas não se nota qualquer progresso aparente.

E é assim quando estamos conscientes da densidade do ego humano; sabemos e estamos removendo uma montanha de ignorância e, embora o início se dê com nossa primeira meditação, o progresso não será lá muito evidente por um longo, longo tempo. De repente, parece surgir sobre nós como um relâmpago.

O fato de termos sido tocados pelo Espírito torna-se evidente pela luz que emana de nossos olhos e pelo brilho de nossa face. Externamente nossa vida muda: mudam os nossos relacionamentos humanos; nossa natureza e nossa saúde e, por vezes, até a forma física, porém apenas porque tais mudanças são a manifestação externa de uma glória e luz internas, obtidas pelo contato com o Pai interior o que nos restabelecem ao Éden.

Nosso propósito é sermos transparentes de modo que, por meio de nós, a Luz — não nós, mas a Luz — possa realizar seu poderoso trabalho; é sermos o instrumento pelo qual o Divino possa Se manifestar e Se expressar sobre a terra, como o faz no céu. Nunca somos autores ou atores: somos apenas o vácuo pelo qual flui o Espírito. Não acreditemos por um instante sequer que obtenhamos com isso poder pessoal ou espiritual pelos nossos dotes. Não há lugar na vivência espiritual para o egocentrismo ou o exercício do poder pessoal. Deus não dá nem Seu poder nem Sua glória para ninguém. O poder, a glória e o domínio permanecem sempre em Deus, e nós somos meros instrumentos, simples servos ou transparências através das quais aquela Luz pode brilhar.

Deus só consegue entrar no mundo através da consciência. Deus já existia no mundo antes de Moisés, porém, não tinha efeito sobre o povo hebreu até que Moisés expandisse sua consciência, recebesse a Luz e fosse então guiado por Deus; a partir daí é que foi alcançada a libertação desse povo. Não é que não houvesse Deus no Egito — Deus estava lá —, mas não havia consciência para recebê-Lo e difundi-Lo até que Moisés recebesse a iluminação. Teve que haver um Moisés antes de os hebreus serem libertados.

Deus já existia na terra antes do tempo de Jesus, mas foi só quando apareceu um Jesus, e a consciência de Deus pôde fluir através Dele, que as bênçãos aconteceram — não apenas para aquela época, mas para todo o sempre. Não estivesse Jesus a bordo do barco, a tempestade no mar não se teria aquietado. De fato, com o tempo, teria esgotado sua fúria, mas não tão rapidamente. Aquietou-se por causa da presença de Jesus Cristo. O que havia Nele que aquietou as ondas? Aquietaram-se porque Ele tinha poder sobre elas ou porque Ele conhecia a verdade que liberta os homens e, consequentemente, pôde deixar que a onipresença e o poder de Deus exercessem Sua função?

Teve que existir um Jesus antes que o poder da não resistência pudesse tornar-se evidente. É sempre preciso que haja alguém por meio de quem a luz espiritual possa brilhar, se aquietar e dar testemunho da presença e do poder de Deus, como a única Presença e o único Poder. Ao longo de todos os tempos, a iluminação de um Moisés, de um Isaías, de um Jesus, João ou Paulo resultou na revelação de harmonia para todos aqueles capazes e desejosos de recebê-la espiritualmente.

Observando o passado e refletindo sobre aquelas consciências espirituais desenvolvidas, poderíamos esperar que a influência dessas almas iluminadas tivesse permeado o mundo todo e ter-lhe trazido paz e harmonia. Todavia, como sabemos, mesmo enquanto essas grandes luzes caminhavam por sobre a terra, uma grande parte do mundo vivenciava desastres terríveis. E isso porque, por maior que seja o grau de consciência espiritual que alguém atinja, ele só pode ajudar e abençoar os que se colocam dentro da órbita da sua consciência. Ao se tornar uma testemunha viva do Verbo feito carne, não tenta exercer poder: permanece quieto e observa a atividade de Deus tocando a vida de todos aqueles que o rodeiam.

Se estivermos vivenciando um problema, ele continuará até se esgotar, a menos que alguém entre nós conheça essa verdade. Para acabar com o problema, é necessário ter alguém que permaneça quieto e perceba que a Graça de Deus, além da qual não há poder, está em ação; deve haver alguém completamente silencioso e que dê testemunho do Espírito que acalma as ondas.

É verdade que podem cair mil à nossa esquerda e dez mil à nossa direita. Não há muito que possamos fazer sobre isso, neste momento, exceto provar na nossa experiência individual que, por causa de nossa unidade consciente com Deus, nenhuma dessas coisas pode se aproximar de nossa morada.

A palavra espiritual não pode penetrar a mente humana; mas nós queremos e podemos ajudar o mundo a se elevar acima da guerra e da doença sendo a luz dentro da nossa própria família, e não pregando para eles ou tentando forçá-los a aceitar nosso modo de pensar, mas mantendo nossa paz interna e renunciando à guerra entre bem e mal, nos voltando para nosso interior e percebendo que é só na medida em que não resistimos ao mal que a paz da compreensão vem até nós.

Se for preciso, permaneçamos sentados dia e noite, até que o Espírito do Senhor desça e faça em nós Sua morada. Uma vez que o princípio do "não resistais"[1] seja demonstrado em nossa família, mesmo que discretamente — já que nunca pode ser demonstrado além da capacidade de o aceitarem e o vivenciarem —, e sabendo que conseguimos vencer a batalha e descansar em Deus, nossa consciência da Sua presença se faz sentir ao trazer um pouco de harmonia à nossa comunidade.

Passamos a entender como nos elevarmos acima da guerra entre bem e mal, como aquietar a *tempestade* tanto no mar como na terra, como conter o fogo, uma maré avassaladora ou uma infecção contagiosa que assole a terra. Passamos a saber como dizer "até aqui podes vir, mas não além",[2] e então permanecer quietos e retirados interiormente do ruído da batalha, sem refutar, contestar ou lutar, sem mesmo desembainhar a espada. Passamos a saber que aquele que vive da espada pela espada morrerá e, por isso, largamos a nossa e nunca mais voltamos a empunhá-la, física ou mentalmente — nem mesmo espiritualmente. De fato, não há nenhum poder que se nos oponha física, mental ou espiritualmente e, portanto, não precisamos da espada. Passamos a saber que vivemos, nos movemos e temos o nosso ser em Deus, em Quem não há escuridão alguma nem conflito. Passamos a saber que o remédio soberano e divino para todos os males do mundo está em "não resistir ao mal".

Ao longo das eras fomos abençoados com místicos que contribuíram de modo duradouro com a visão espiritual do mundo, mas, assim como os ensinamentos deste livro não podem ser compreendidos pelas massas, elas não tiveram a sabedoria de prestar atenção nesses místicos e em seus ensinamentos. Nenhum ensinamento espiritual pode ser compreendido, acreditado ou aceito por uma mente não iluminada, que apenas consegue entender aquilo que pode ver, ouvir, apalpar, cheirar ou saborear. A mente não iluminada não consegue entender a Presença espiritual ou o não poder, pois, antes que possa compreender a sabedoria espiritual, as faculdades da Alma devem ser abertas e o discernimento espiritual, elevado ou desperto. Todos os seres humanos estão adormecidos — adormecidos na crença em poderes mentais ou materiais, para a realidade do Ser espiritual e para a Presença e o Poder místico e transcendental que o homem chama de Deus.

As Escrituras de todas as religiões revelaram essa Presença transcendental que, se abraçada, envolve nosso ser e atinge o centro de nosso coração, destacando-nos do mundo. Assim os vírus que atacam o mundo com gripes ou infecções não se aproximam de nossa morada e, mesmo que o façam por pouco tempo, são rapidamente removidos. Alcoolismo, drogas, delinquência juvenil não perturbam a paz e serenidade da nossa casa e, mesmo que nos atinjam, são rapidamente repelidos, pois aprendemos a nos abrigar no lugar secreto do Altíssimo e a viver em uma atmosfera de Amor, e não de ódio, injustiça ou desigualdade.

O fato é que toda cura espiritual resulta de um indivíduo sentar-se em Silêncio, tranquila e pacificamente esperando, e então o Espírito vem através da consciência — a Voz troveja no silêncio e a terra derrete.

Nós nos tornamos esse indivíduo à medida que aprendemos a ser nada, a nos aquietar e deixar que a Luz aja em nós, através de nós, como nós. Algum dia, quando o mundo atingir um estágio em que será capaz de resolver seus problemas pela meditação e não pelas armas — pela espada —, da mesma maneira o Espírito iluminará todas as situações, e não haverá mais guerras.

Deus não compartilha Sua glória com ninguém; por isso, não tentemos ser espiritualmente poderosos, mas, sim, espiritualmente humildes, deixando que a Graça de Deus cumpra Suas funções por meio de nós e como nós. Deus atua por intermédio da consciência individual, e essa será nossa consciência quando tivermos aprendido a ficar quietos o bastante para ouvir o trovejar do Silêncio.

Falar ou ler a verdade não representa, todavia, a Consciência transcendental; mas, quando essa Consciência é obtida pelo ser humano, ele se torna o instrumento pelo qual ela age. O homem nascido da mulher é mortal, um ser humano quase completamente separado de Deus e não sob Seu cuidado e graça. Uma vez atingida a Consciência transcendental, o ser humano torna-se o próprio Cristo e, consequentemente, não pode mais ser afastado Dele. Ele é um com Ele e ele é Ele.

Em muitos ensinamentos religiosos ortodoxos, Jesus é distinguido como o Cristo no sentido de ser a Cristo-consciência separada e apartada de qualquer outro indivíduo, como se de nascença. Por outro lado, a metafísica tenta separar Cristo de Jesus, como se fossem dois. Porém, Jesus é o Cristo: os dois são inseparáveis e indivisíveis um do outro a tal ponto que se esquece que Jesus é Jesus, e é geralmente chamado de Cristo.

Isso também é verdade para todo e qualquer indivíduo que tenha atingido a união consciente com Deus. A única diferença está no grau. É necessário ter atingido a consciência de um Jesus para poder dizer: "Eu e o Pai somos um.[3] [...] Tu me vês, tu vês o Pai que me enviou".[4] Outros não são bem capazes de atingir essa altura de percepção em que sempre falam a partir do *Eu*: *Eu* sou o caminho; *Eu* sou a verdade; *Eu* sou a vida; *Eu* sou a ressurreição; *Eu* sou o pão; *Eu* sou o vinho; *Eu* sou a água. Esse é o estado transcendental de consciência que foi além do humano.

Nos primeiros passos da iluminação há um sentido de dualidade. Há um João, Guilherme ou Maria conscientes de uma Presença e de um Poder — Algo que os ofusca, Algo que os ajuda, guia, instrui e governa. Está dentro deles, age dentro e por meio deles, porém há um estado mais elevado de consciência, e é quando a pessoa não existe mais. Há apenas o *Eu* dando voz a Si mesmo.

Essa é a Própria Consciência, e Ela só se manifesta nos momentos supremos de nossa experiência, quando a Presença é o único ser que *Eu Sou*. Foi então que Moisés transcendeu sua humanidade e disse: "EU SOU O QUE EU SOU".[5] Foi então que Jesus disse: "Eu sou o pão da vida.[6] [...] Eu sou a vida eterna.[7] [...] Eu sou a ressurreição".[8]

Mas, mesmo que nós não consigamos atingir tais alturas, fiquemos gratos por chegar ao estágio no qual podemos reconhecer dentro de nós Algo maior que nós mesmos, Algo maior que nossa mentalidade, experiência ou educação, Algo que pode usar nossa mente e nosso corpo e conhece muito além de qualquer coisa que possamos ter aprendido na escola ou na vida.

Este é o intuito — percebermos que, como pessoas, somos nada. Apenas nos tornamos algo quando a Presença interior nos transcende ou ofusca. Tal consciência, quando atingida, é o milagre em ação. Por isso, a única demonstração possível é chegar lá. Quando obtemos essa Luz, não é de maravilhar que tenhamos saúde, fartura, amizade ou abrigo. Devemos, pois, dedicar nossa vida inteira a obter a Luz, a Consciência transcendental.

Se a Graça de Deus tiver nos tocado ao ponto de não conseguirmos parar de estudar e de meditar, estaremos então fazendo tudo o que pode ser feito. Não podemos apressar esse dia. Podemos adiá-lo ignorando esse desejo interior de estudar e meditar sempre mais, mas não podemos apressá-lo — virá na hora certa e do jeito certo.

O ser humano não pode fazer isso por si mesmo, pois para o homem a palavra de Deus é tolice. Não há tempo nem paciência para ela e, por vezes, ela até ofende. Se o homem for tocado com Graça suficiente e for compelido a ler e ouvir a Palavra, ou a meditar, será levado à sua máxima demonstração.

Quando estamos nesse Espírito ou quando Ele está em nós, conscientemente presente, não há dois poderes em ação. Não há um poder fazendo algo para outro poder; não há o Poder de Deus destruindo o mal, transformando pessoas más em boas ou convertendo em abundância a escassez.

Quando essa Consciência está em nós, não há outros poderes, e sempre que parecer haver, são dissolvidos — não como se houvesse algo a sobrepujá-los, mas como se fosse uma nulidade desaparecendo.

O mundo deve ser salvo pelo *Meu Espírito*, mas esse Espírito só opera por meio da consciência de uma pessoa que a Ele se abre. Por isso, é nossa inteira responsabilidade nos tornarmos rochas espirituais sobre as quais possa repousar a harmonia de nossa comunidade, vizinhança e até mesmo nossa nação.

Não precisamos de metafísica profunda: precisamos compreender a pequena e simples verdade de que é a pequena Voz silenciosa o poder que destrói as ilusões do mundo. Essa compreensão não significa termos algum poder sobre o erro: consiste apenas na verdade de que não é necessário poder algum para destruir o erro, pois este carrega dentro de si os elementos da autodestruição. Prova disso é uma árvore estéril que murcha. Não fomos nós que a secamos — sua própria esterilidade é que a seca. Assim, o erro se dissolve quando nos sentamos em quietude, como testemunhas do Poder divino, e observamos a harmonia descer sobre todos ao nosso redor.

E assim somos fortalecidos, um passo de cada vez, até que chega o dia em que percebemos que podemos descansar à vontade em Deus e permitir que o Espírito que flui através de nós, o Manto que nos envolve, sejam a oração, a bênção e a cura para nossa comunidade e para o mundo.

Tornamo-nos a luz do mundo ao nos elevarmos a um estado de consciência no qual não combatemos os erros deste mundo, mas permanecemos completamente silenciosos e permitimos que o Espírito de Deus desfaça e dissolva as imagens dos sentidos. Não mais nos aborrecemos com o erro, mas repousamos relaxados, dando testemunho de que Deus atua na terra como no céu. Acima de tudo, não esqueçamos que somos os doze, os setenta, os duzentos: somos a luz em nossa comunidade. Somos aquele, mesmo que não haja outro, que não sucumbe à ilusão do medo, da dúvida, do ódio, da inveja, do ciúme ou da maldade. Seremos uma rocha em nosso meio, uma rocha de Silêncio transbordando dentro de nós como paz e permitindo que essa paz desça sobre a nossa comunidade.

XIX
A Pequena Voz Silenciosa

O mundo chegou a um ponto em que precisa ir além do poder e além da mente. Existe tal lugar? Há um lugar onde a capacidade física e o pensamento humano não são poder, onde proteção, segurança e paz sejam garantidas?

Em um momento de futilidade e frustração, quando toda a confiança é abandonada, nos vem a resposta na forma da Voz de Deus que Se expressa, não como vento uivante, nem como o aterrador rugido de um vulcão, mas como uma Voz tão silenciosa que só pode ser ouvida no Silêncio, e ali troveja. Quando ouvimos essa Voz, não precisamos nos preocupar em nos proteger contra bombas; não precisamos nos preocupar com depressões ou recessões. Só há uma coisa a fazer: nos aquietarmos e deixar que Deus Se expresse e Se manifeste como a pequena Voz silenciosa dentro de nós.

As condições atuais do mundo fazem nossos problemas pessoais parecerem ínfimos, porém, pensando em termos individuais, nacionais, internacionais, basicamente só existe um problema — o poder material e mental em oposição ao *Meu Espírito*.

Há apenas um inimigo — a crença universal de que a força mental e material pode controlar este mundo. Os inimigos com que nos defrontamos hoje não são epidemias ameaçadoras, condições climáticas devastadoras, desastre econômico iminente ou guerra: todos são apenas aspectos e partes da crença nos poderes material e mental.

Mas os poderes material e mental são poderes de fato, ou será a pequena Voz silenciosa o único poder? A resposta é que não há poder algum no mundo visível, e qualquer coisa que exista em nossa mente como algo concreto não é poder. Nunca temamos, portanto, as imagens que estão em nossa mente — sejam de pessoas, sejam de doença, sejam de bombas. A pequena Voz silenciosa dentro de nós é muito mais poderosa que tudo isso e, se conseguirmos ficar em silêncio o bastante para que a Voz possa se fazer ouvir — mesmo que só como uma respiração profunda ou uma sensação de calor e de paz —, esta terra será preenchida pela Voz de Deus e a crença em dois poderes será silenciada.

Quando nos esforçamos e lutamos contra o inimigo, seja ele físico, seja mental, não há vitória. As vitórias reais são obtidas quando não usamos a força, não lutamos contra nosso oponente, mas descansamos no conhecimento de que toda oposição se autodestrói.

"A batalha não é tua[1] [...] aquieta-te e vê a salvação do Senhor."[2] Esse aquietar-se não é apenas abster-se dos poderes físico e mental, mas do espiritual também — um completo abandono em um oceano de paz. Não sei como isso se processa nem vocês poderão sabê-lo, mas podemos e testemunharemos os frutos desse silêncio e dessa quietude, pois é no Silêncio que acontece o milagre: o inimigo se destrói e desaparece de nossa experiência — evapora e se dissolve, seja ele uma febre, seja uma pessoa, seja uma nação. Não precisamos nos esforçar nem lutar

— só nos aquietar. Estamos em consonância com o poder que não é poder; alcançamos a vitória sem usar a força. Nem mesmo usamos a força espiritual, embora nosso silêncio permita que ela se sirva de nós. Nós nos abstemos do poder dentro do Silêncio que troveja: "Eu sou Deus; portanto, aquieta-te e descansa, porque Eu estarei contigo até o fim do mundo. Repousa, serena-te e aquieta-te".

Quando em repouso, quando nos aquietamos e permitimos que o Espírito nos invada a mente e o corpo, Algo maior que nós Se antecede e prepara nosso caminho — a inimizade e a oposição se dissolvem e, dentro de nós, nos maravilhamos com "Um trabalho poderoso".[3] No Silêncio completo, sem tentar usar Deus, a Verdade ou um poder contra ou a favor de quem quer que seja, ocorre algo dentro de nós que dissolve os problemas da vida e dá lugar a um caminho de alegria e plenitude. A única arma efetiva e potente contra os poderes que poderiam destruir o mundo — quer física, quer mentalmente — é o Silêncio que vem da certeza de que Algo criou este universo e é responsável por sua manutenção até a eternidade — é a habilidade de abandonar-se no Silêncio e deixar que esse Algo exerça Sua função.

Nesse Silêncio encontramos a totalidade; nessa quietude e confiança, encontramos nossa força e paz. É o nosso Sabá, o universo completo e perfeito do primeiro capítulo do Gênesis, no qual descansamos de todo poder, vivemos de acordo com o Sermão da Montanha. Tornamo-nos, então, "um homem prudente que construiu sua casa sobre a rocha: E caiu a chuva, vieram as enchentes, sopraram os ventos e bateram com violência contra aquela casa, mas ela não caiu, pois tinha seus alicerces na rocha".[4]

Quando nos deparamos com problemas de qualquer natureza — conflitos, inimizades, ódio, perseguição, injustiça —, não mais tentamos removê-los, tanto física como mentalmente, mas repousamos na palavra Dele. Deixamos de tentar exercer qualquer poder, e Deus opera o milagre.

O retumbar do trovão do profundo Silêncio da *Minha* paz ecoa e cresce até, finalmente, quebrar qualquer barreira. O barulho poderoso do Silêncio aumenta de volume até que seu trovejar afaste os véus da ilusão, e Deus seja revelado em toda Sua majestade, glória e paz.

REFERÊNCIAS E NOTAS DAS ESCRITURAS

Introdução

1. Isaías 2:22
2. Romanos 13:8
3. II Coríntios 3:17
4. Mateus 23:37
5. Gálatas 2:20

PARTE I: Da Escuridão Para A Luz

I. Os Dois Pactos

1. Gálatas 4:24
2. II Coríntios 5:2
3. João 10:30
4. Marcos 8:12

II. A Lei Cármica

1. Alfred Lord Tennyson: "O Panteísmo Mais Elevado."
2. Gálatas 6:7
3. Provérbios 23:7
4. João 1:17
5. Êxodo 20:12
6. João 8:11
7. Lucas 23:43

8. Lucas 5:23
9. João 5:14
10. Lucas 10:27
11. Mateus 22:39
12. Mateus 23:9
13. Mateus 22:21
14. I Coríntios 15:31
15. Romanos: 8:17
16. Reis 19:12

III. Além Do Poder

1. Zacarias 4:6
2. João 5:30
3. Mateus 6:25
4. Isaías 2:22
5. II Crônicas 32:8
6. Mateus 4:4

PARTE II: Do Irreal Para o Real

IV. Quem te Disse?

1. Gênesis 3:11
2. Romanos 8:8
3. William Shakespeare: *Hamlet*
4. João 19:11
5. II Coríntios 3:17

V. Mente Transcendente

1. Gálatas 6:7
2. Êxodo 25:40

3. Mateus 17:5
4. Lucas 15:31
5. Êxodo 20:3

VI. A Mente Incondicionada

1. II Crônicas 32:8
2. João 5:8
3. Lucas 4:8

VII. Uma Rosa É uma Rosa, É uma Rosa (nenhuma)

VIII. Daqui por Diante Não Mais Reconheceremos o Homem Segundo a Carne

1. Revelação 21:27
2. João 16:33
3. Gênesis 1:31
4. Mateus 3:17, 17:5
5. Mateus 4:4
6. Frances Thompson: "Nenhuma Terra Estranha."
7. II Coríntios 3:17
8. II Coríntios 3:17
9. Marcos 4:39

IX. Este É Um Universo Espiritual

1. Lucas 22:35
2. I Coríntios 6:19
3. II Crônicas 32:8

PARTE III: Da Lei para a Graça

X. "Ouviste O Que Foi Dito Aos Antigos..."

1. João 1:17
2. Mateus 5:39
3. Mateus 5:38
4. Gálatas 6:7
5. Mateus 7:2
6. Mateus 5:43
7. João 8:11
8. Romanos 7:19
9. Mateus 4:4
10. Mateus 5:44

XI. Eu Vos Digo

1. Salmo 19:1
2. Êxodo 20:13; Romanos 13:9

XII. Não Resistais

1. Êxodo 21:24;
   Mateus 5:38
2. Mateus 26:52
3. Mateus 5:39
4. Jó 26:7
5. Mateus 19:17
6. João 14:10
7. Jeremias 30:16;
   Lucas 21:15
8. Deuteronômio 33:27
9. Mateus 26:52

10. Salmos 23:5
11. Jó 23:14
12. Salmos 138:8
13. II Coríntios 3:17
14. João 14:27

XIII. O Pai Que Vê Em Segredo

1. João 5:30
2. João 14:10
3. João 7:16
4. Mateus 18:20
5. Lucas 17:21
6. Mateus: 6:4
7. Mateus 6:1
8. Lucas 13:21
9. Hebreus 13:5
10. Mateus 28:20

XIV. Quando Orares

1. Lucas 15:31
2. Romanos 8:17
3. Lucas 3:22
4. II Coríntios 3:17

XV. Quando Nós Perdoamos

1. Mateus 6:12
2. Lucas 23:34
3. Gênesis 45:8
4. João 5:14
5. I Coríntios 15:31
6. Romanos 8:17

XVI. Que Possam Ser Filhos De Teu Pai

1. Mateus 5:45
2. I Coríntios 15:31
3. Mateus 16:16
4. II Coríntios 13:14
5. João 16:15
6. Mateus 16:17

XVII. Teu Pai Sabe

1. Mateus 6:32

XVIII. Vós Sois A Luz

1. Mateus 5:39
2. Jó 38.11
3. João 10:30
4. João 20:21
5. Êxodo 3:14
6. João 6:35
7. João 3:36 (parafraseado)
8. João 11:25

XIX. A Pequena Voz Silenciosa

1. II Crônicas 20:15
2. Êxodo 14:13
3. Marcos 9:39
4. Mateus 7:25

AULAS GRAVADAS DE JOEL GOLDSMITH CORRESPONDENTES AOS CAPÍTULOS DESTE LIVRO

Muitos dos livros de Joel Goldsmith, incluindo este, são baseados nas suas aulas gravadas, que foram preservadas em cassete, CD e formatos MP3 pelo escritório de *O Caminho Infinito* em Moreno Valley, CA.

A lista abaixo mostra as aulas relacionadas a cada capítulo deste livro. Por exemplo: "#159-1 1956 Turma Fechada de Chicago 2:1" significa:

O número de gravação é 159, Lado 1 (#159-1).

A gravação é de 1956 da Turma Fechada de Chicago.

A gravação é da Fita 2, Lado 1 de 1956 — Turma Fechada de Chicago (2:1).

INTRODUÇÃO
#231-1: 1958 Turma Fechada de Londres 5:1
#219-2: 1958 Turma Fechada de Nova Iorque 1:2

PARTE I: Da Escuridão Para A Luz

I. Os Dois Pactos

#138-2: 1956 Palestra de Barbizon Plaza 1:2
(Joel disse que este capítulo é explicado melhor na Turma Fechada de Kailua 9:1 de 1963)

II. A Lei Cármica

#138-1: 1956 Palestra no Barbizon Plaza 1:1
#149-1: 1956 Segunda aula de Praticista no Steinway Hall 3:1
#360-1: 1960 Turma Fechada de Nova Iorque 2:1

III. Além do Poder

#231-2: 1958 Turma Fechada de Londres 5:2

PARTE II: Do Irreal Para O Real

IV. Quem Te Disse?

#159-2: 1956 Turma Fechada de Chicago 2:2
#160-1: 1956 Turma Fechada de Chicago 3:1
#180-2: 1957 Turma Avançada de Kailua 2:2
#176-2: 1956 Turma Fechada no Laurelton Hotel em Nova Iorque 3:2
#167-2: 1956 Turma Fechada de Seattle 4:2
#147-2: 1956 Primeira Aula de Praticista no Steinway Hall 1:2

V. Mente Transcendente

#187-1: 1957 Primeira Turma Fechada de Halekou 1:1
#188-2: 1957 Primeira Turma Fechada de Halekou 2:2
#278-1: 1959 Turma Fechada de Manchester 2:1
#182-1: 1957 Turma Avançada de Kailua 4:1
#180-1: 1957 Turma Avançada de Kailua 2:1

VI. A Mente Incondicionada

#278-1: 1959 Turma Fechada de Manchester 2:1
#278-2: 1959 Turma Fechada de Manchester 2:2
#182-1: 1957 Turma Avançada de Kailua 4:1
#188-2: 1957 Primeira Turma Fechada de Halekou 2:

VII. Uma Rosa É Uma Rosa, É Uma Rosa

#180-2: 1957 Primeira Turma Avançada de Kailua 2:2
#166-2: 1956 Turma Fechada de Seattle 3:2
#172-1: 1956 Turma Fechada de Portland 3:1
#177-1: 1956 Turma Fechada no Laurelton Hotel de Nova Iorque 4:1
#195-1: 1957 Segunda Turma Fechada de Halekou 3:1

VIII. Daqui Por Diante Não Mais Reconheceremos O Homem Segundo a Carne

#177-1: 1956 Turma Fechada no Laurelton Hotel de Nova Iorque 4:1
#176-2: 1956 Turma Fechada no Laurelton Hotel de Nova Iorque 3:2
#220-1: 1958 Turma Fechada de Nova Iorque 2:1
#166-1: 1956 Turma Fechada de Seattle 3:1
#159-2: 1956 Turma Fechada de Chicago 2:2

IX. Este É Um Universo Espiritual

#194-1: 1957 Segunda Turma Fechada de Halekou 2:1

PARTE III: Da Lei Para a Graça

X. Ouviste O Que Foi Dito Aos Antigos

#175-1: 1956 Turma Fechada no Laurelton Hotel de Nova Iorque 2:1
#175-2: 1956 Turma Fechada no Laurelton Hotel de Nova Iorque 2:2
#188-1: 1957 Primeira Turma Fechada de Halekou 2:1
#160-1: 1956 Turma Fechada de Chicago 3:1
#194-2: 1957 Segunda Turma Fechada de Halekou 2:2

XI. Eu Vos Digo

#296-1: 1959 Turma Aberta de Chicago 2:1
#160-2: 1956 Turma Fechada de Chicago 3:2
#174-1: 1956 Turma Fechada no Laurelton Hotel de Nova Iorque 1:1
#175-1: 1956 Turma Fechada no Laurelton Hotel de Nova Iorque 2:1
#175-2: 1956 Turma Fechada no Laurelton Hotel de Nova Iorque 2:

XII. Não Resistais

#165-2: 1956 Turma Fechada de Seattle 2:2
#173-2: 1956 Turma Fechada de Portland 4:2
#175-2: 1956 Turma Fechada no Laurelton Hotel de Nova Iorque 2:2
#192-1: 1957 Primeira Turma Fechada de Halekou 6:1
#190-1: 1957 Primeira Turma Fechada de Halekou 4:1

XIII. O Pai Que Vê Em Segredo

#235-1: 1958 Turma Fechada de Manchester 1:1
#284-1: 1959 Turma Fechada de Lausanne 2:1
#280-2: 1959 Turma Aberta da Inglaterra 2:2
#174-1: 1956 Turma Fechada no Laurelton Hotel de Nova Iorque 1:1
#201-2: 1958 Turma Fechada de Adelaide 2:2

XIV. Quando Orares

#174-2: 1956 Turma Fechada no Laurelton Hotel de Nova Iorque 1:2
#176-1: 1956 Turma Fechada no Laurelton Hotel de Nova Iorque 3:1

XV. Quando Nós Perdoamos

#174-2: 1956 Turma Fechada no Laurelton Hotel de Nova Iorque 1:2

XVI. Que Possam Ser Filhos De Teu Pai

#196-1: 1957 Segunda Turma Fechada de Halekou 4:1
#197-1: 1957 Segunda Turma Fechada de Halekou 5:1
#175-1: 1956 Turma Fechada no Laurelton Hotel de Nova Iorque 2:1
#172-1: 1956 Turma Fechada de Portland 3:1
#219-1: 1958 Turma Fechada de Nova Iorque 1:1
#219-2: 1958 Turma Fechada de Nova Iorque 1:

XVII. Teu Pai Sabe

#236-2: 1958 Turma Fechada de Manchester 2:2
#232-2: 1958 Turma Avançada de Londres 1:2
#234-2: 1958 Turma Avançada de Londres 3:2
#227-231: 1958 Turma Aberta de Londres (nenhuma fita específica citada)
#166-2: 1956 Turma Fechada de Seattle 3:2

XVIII. Vós Sois A Luz

#254-2: 1959 Trabalho Especial em Halekou 4:2
#251-2: 1959 Trabalho Especial em Halekou 1:2
#191-1: 1957 Primeira Turma Fechada em Halekou 5:1

XIX. A Pequena Voz Silenciosa

#219-1: 1958 Turma Fechada em Nova Iorque 1:1

© *Copyright* 2022 by Acropolis Books, Inc.
Esta tradução de *The Thunder of Silence* foi publicada por acordo com Acropolis Books, Inc.
© *Copyright* desta tradução: Editora Martin Claret Ltda., 2022.

DIREÇÃO
Martin Claret

PRODUÇÃO EDITORIAL
Carolina Marani Lima / Mayara Zucheli

DIREÇÃO DE ARTE E CAPA
José Duarte T. de Castro

DIAGRAMAÇÃO
Giovana Quadrotti

TRADUÇÃO
Glaucia Braga Maggi

REVISÃO
Vera Maria Valsechi / Alexander B. Siqueira

IMPRESSÃO E ACABAMENTO
Bartira Gráfica

Este livro segue o novo Acordo Ortográfico da Língua Portuguesa.

Dados Internacionais de Catalogação na Publicação (CIP)
(Câmara Brasileira do Livro, SP, Brasil)

Goldsmith, Joel S., 1892-1964.
  O trovejar do silêncio / Joel S. Goldsmith; tradução Glaucia Braga Maggi — São Paulo: Martin Claret, 2023.

Título original: *The thunder of silence.*

I. Pensamento novo I. Título

ISBN 978-65-5910-259-4

23-163045   CDD-289.98

Índices para catálogo sistemático:
  1. Pensamento novo: Cristianismo   289.98
Tábata Alves da Silva – Bibliotecária – CRB-8/9253

EDITORA MARTIN CLARET LTDA.
Rua Alegrete, 62 – Bairro Sumaré – CEP: 01254-010 – São Paulo, SP
Tel.: (11) 3672-8144 – www.martinclaret.com.br
Impresso – 2023

CONTINUE COM A GENTE!

- Editora Martin Claret
- editoramartinclaret
- @EdMartinClaret
- www.martinclaret.com.br

Impressão e Acabamento
Bartiragráfica
(011) 4393-2911